基于语言对比的英汉翻译研究

吕晓军◎著

中国戏剧出版社
CHINA THEATRE PRESS

图书在版编目（CIP）数据

基于语言对比的英汉翻译研究 / 吕晓军著. -- 北京：中国戏剧出版社，2024.6. -- ISBN 978-7-104-05525-9

Ⅰ．H315.9

中国国家版本馆CIP数据核字第2024WG1164号

基于语言对比的英汉翻译研究

责任编辑：周忠建
责任印制：冯志强

出版发行：中国戏剧出版社
出 版 人：樊国宾
社　　址：北京市西城区天宁寺前街2号国家音乐产业基地L座
邮　　编：100055
网　　址：www.theatrebook.cn
电　　话：010-63385980（总编室）　　010-63381560（发行部）
传　　真：010-63381560

读者服务：010-63381560
邮购地址：北京市西城区天宁寺前街2号国家音乐产业基地L座

印　　刷：天津和萱印刷有限公司
开　　本：787mm×1092mm　1/16
印　　张：12
字　　数：202千字
版　　次：2024年6月　北京第1版第1次印刷
书　　号：ISBN 978-7-104-05525-9
定　　价：72.00元

版权专有，违者必究；如有质量问题，请与出版社联系调换。

前言

　　语言不是单独存在的产物，其产生与发展都离不开文化，可以说，语言是文化的重要组成部分。翻译是语言转换的重要工具，它可以将一种语言的表达形式转换成另一种语言的表达形式，且语言负载的信息不仅包括语言本身的信息，还包括文化信息，可以说，翻译不仅是一项语言符号的转换活动，还是一项文化传递活动。翻译能够让翻译双方在价值观念、思维方式、审美需求及社会文化等方面都产生良好的互动和了解。

　　进入21世纪，世界多极化趋势愈加明显并日益向纵深发展。为了能够自立自强，各个国家都开始重视本民族优秀传统文化的传播，加强与其他国家之间的沟通与交往。在这一过程中，翻译所起的作用是无可替代的，自然也就成了新形势下的研究热点。受此影响，国内众多学者从各个层面展开了对翻译的研究。其中，对比是人类认识事物、研究事物的一种基本方法。人们在英语学习中已经逐渐认识到，要学好英语应该了解其特点，而要了解其特点，最有效的方法就是将其与母语进行比较。英汉语言对比分析能够帮助英语学习者在错综复杂的语言现象中学会洞察语言的特点和表达规律，并将其作为习得的重点，这无疑能够帮助他们排除母语的干扰，提高学习效率。

　　在全球化日益发展的今天，翻译作为一门相对独立的产业迅猛崛起，各种翻译著作层出不穷。一些翻译著作虽然收集了大量的翻译实例和练习，但是缺乏对翻译原理的分析总结，难以指导翻译实践；另一些翻译著作虽然对翻译技巧进行指导性的讲解，但一般仅从英汉两种语言的语法结构和句子成分分析着手，直接讲解翻译中的语言技巧，如英汉语不同句子成分之间的互相转化，并没有从两种语言在文化语境和思维模式上存在的根本差异入手，解决翻译技巧背后的翻译原理问题。

　　语法结构分析只是语言形式表层分析，难以全面提高翻译实践能力。笔者写此书的目的是以近年来英汉对比研究成果作为英汉互译原理，强调系统理论指导下的翻译实践，从理解原理到翻译练习，再通过对实践结果的分析，巩固对原理的把握，以此加强感性与理性的相互促进。通过典型的翻译实例和循序渐进的翻译练习、译文评析，全面、系统地帮助读者提高英汉互译的实际操作能力。

英语和汉语是两种语系不同、风格迥异、文化基础悬殊的语言体系。英语是世界上使用范围最广的语言，英语作为全球通用语言，在中国也得到了广泛普及和应用，英语的学习和应用越来越受到重视；而汉语具有悠久的发展历史，有着深厚的文化积淀，也有其自身独特的结构规则和审美特征。因此，在语言的应用和翻译转换过程中，常常会受到语言的符号体系、句法结构规则、语义表达方式、语言应用环境及文化规制习惯等方面的影响和制约，容易造成一些失误，从而影响交际的效度。英汉语言对比是比较和分析英汉两种语言的异同，对英语学习、英汉—汉英翻译教学与实践以及学术研究、社会历史和文化研究具有现实的理论意义和实用参考价值，在英语学习和实践过程中发挥汉语母语的正迁移影响，帮助人们提高英语学习和应用的效率，提升英汉语言转换的效能。

英汉语言对比是翻译活动中的重要组成部分，是在两种语言差异的基础上建立起来的。英汉对比翻译需要充分了解两种语言的共同点和不同点，进而探索英汉语言对比翻译的技巧和方法。翻译实践证明，英汉语言的相同之处相对较易掌握，而两者的不同之处往往较难掌握，因此更应对英汉语言对比与翻译做更为深入的研究。

本书以语言内容对比为基底，以英汉翻译比较为导向，对英汉语言概述与系统对比展开论述，介绍了英汉语言的发展史、英汉语言对比分析、英汉语言的对比翻译，并引导读者对英汉语言全方位对比有基本的了解；详细论述了英汉词汇比较翻译、英汉语法比较翻译和英汉语篇比较翻译，试图厘清英汉翻译与词汇、语法、语篇间的关系；具体分析了英汉词汇、语法和语篇比较的内容，为以语言为基础的英汉翻译比较的未来发展提出了建设性的指导意见。

在撰写本书的过程中，笔者参考了大量的学术文献，得到了许多专家学者的帮助，在此表示真诚的感谢。由于笔者水平有限，书中难免会有疏漏之处，希望广大同人及时指正。

吕晓军

2024年1月

目 录

第一章　英汉语言概述 ·· 001
　第一节　语言概述 ·· 002
　第二节　英汉语言的发展史 ·· 014
　第三节　英汉语言对比分析 ·· 018
　第四节　英汉语言的对比翻译 ··· 025

第二章　英汉语言的系统对比 ·· 031
　第一节　英汉语言的语音对比 ··· 032
　第二节　英汉语言的词汇对比 ··· 035
　第三节　英汉语言的修辞对比 ··· 040
　第四节　英汉语言的句法对比 ··· 042
　第五节　英汉语言的语篇对比 ··· 052

第三章　英汉词汇比较翻译 ··· 056
　第一节　派生词比较翻译 ··· 057
　第二节　转类词比较翻译 ··· 062
　第三节　复合词比较翻译 ··· 073

第四章　英汉语法比较翻译 ··· 085
　第一节　刚性和柔性比较翻译 ··· 086
　第二节　显性和隐性比较翻译 ··· 105
　第三节　静态和动态比较翻译 ··· 113
　第四节　主语和主题比较翻译 ··· 134

第五章　英汉语篇比较翻译 ································ 156
第一节　省略比较翻译 ································ 157
第二节　重述比较翻译 ································ 161
第三节　照应比较翻译 ································ 164

参考文献 ································ 180

第一章 英汉语言概述

随着经济全球化和科学技术的迅猛发展,跨文化的言语交际显得越发重要。本章主要内容为英汉语言概述,主要从四个方面进行了阐述,分别是语言概述、英汉语言的发展史、英汉语言对比分析、英汉语言的对比翻译。

第一节　语言概述

一、语言的概念

（一）语言符号系统

1. 符号的定义

在人们生活的世界上，处处都存在符号的踪迹。例如，马路上的交通信号灯，红灯符号表示禁止通行，绿灯符号表示可以通行；医院里张贴的禁止吸烟的标志，告诉人们这里不能吸烟；中国人过春节时大门上贴倒写的"福"字，表示对来年幸福生活的期盼；某处浓烟滚滚，提醒人们此处可能发生了火灾。再如，路上爬行的蚂蚁遇到同伴要互相碰碰触角，传达哪里有食物的信息；猎人根据地上留下的动物的脚印，判断前方有什么样的猎物。可以说，符号及符号活动无时不有、无所不在。

总体来说，符号一般被划分为两大类，即人类的符号和自然界的符号（包括动物的符号）。其中，人类符号又可以分为两类，即语言符号和非语言符号，后者又可进一步划分为建筑符号、音乐符号、影视符号、绘画符号、行为符号等。可见，符号学几乎将人类学术领域的所有学科门类均囊括其中，尤其是人文学科，它为跨学科交流和研究提供了一条道路。

弗迪南·德·索绪尔（Ferdinand de Saussure）在《普通语言学教程》中明确指出符号学的重要性，并反复强调语言本质上是符号，语言学从属于符号学。语言学，我们现在就称其为符号学，也就是说关于符号的科学，即研究人尝试用必不可少的约定系统来表达思想时所出现的现象。无人开课讲授符号传播现象，而这一现象反过来却完全占据了语言学家的脑海，以致他们认为语言学属于历史学科，其实语言学什么也不是，它就是符号学。在关于符号学与语言学的关系问题上，学者所持的观点大致分为三种：索绪尔、托马斯·西比奥克（Thomas Sebeok）等人认为，符号学包含语言学；法国符号学家罗兰·巴特（Roland Barthes）认为，符号学从属于语言学；法国符号学家吉罗（Cuiraud）认为，符号学和语言学互不相干。他们各持己见，争论不休。就目前的研究来看，持第一种观点和第三种观点的学者数量更多、更具有说服力。

其实，符号学作为一门跨学科的研究工具，它在一定程度上囊括了语言学，赋予语言学一种新的研究方法，而语言学同时也有自身的一些特点，这些特点也许正是符号学理论尚未涉及的领域。无论如何，我们不得不承认的是，语言是人类多种符号系统中的一个典型代表，也是使用最多的一种人类符号体系，如果我们将对语言的研究置于符号学的广阔背景中，必将更方便进行语言的跨学科研究，为语言学的发展开辟新的道路。

2. 符号的种类

在人类社会中，符号多种多样，无处不在，为了更好地理解和利用不同种类的符号，了解它们所传达的信息，为符号划分类别就成为符号学研究中的重要工作。在符号学史上，符号学家都以自己的不同视角对符号进行过分类，其中影响最为深远的是美国符号学家查尔斯·桑德斯·皮尔士（Charles Sanders Santiago Peirce）的划分。皮尔士首先将符号定义为符号形体、符号对象和符号解释的三元关系，并在此基础上先后提出了多种符号分类的三分系统。在皮尔士的三分法中，最重要的是把符号分为图像符号（icon）、指索符号（index）和象征符号（symbol）三大类。

图像符号的表征方式是符号的形体与它所表示的对象之间形状相似。例如，一幅肖像画、一幅写生画以及一张照片、一帧录像就是一个典型的图像符号，它完全是对其对象的模仿或记录。还有一些图像符号，如地图、气象图、电路图、零件组装图、工艺流程图、几何图形等，它们与对象之间存在抽象的相似性。

指索符号的表征方式是符号形体与符号对象之间有逻辑联系，如因果联系、方式关系等，使符号形体能够指示符号对象的存在，如各种交通指示牌、商标、招牌等。

象征符号的符号形体与符号对象之间没有形状上的相似或者因果逻辑关系，它的表征方式建立在社会约定俗成的基础上。例如，国旗是国家的象征，圣诞树是节日的象征，每一种花各有其象征意义，在中国红色是喜庆的象征，穿婚纱象征做新娘等。在这些约定俗成的象征中，语言符号是最典型的一种。

语言符号和它所表征的对象之间没有必然的联系，不同的国家和民族可以有各自不同的约定，因此形成了各种各样的语言符号系统。可见，在人类的符号活动中，象征符号使用最多，以至于有些人从狭义理解，用象征符号（symbol）代替符号（sign）。

3. 符号系统

所谓系统，就是指性质相同或相似的事物按照一定顺序和内部联系组成的整体，如城市道路交通系统、电路系统。符号系统就是性质相同或者相似的符号按照一定规律组合而成的整体。一个符号总是要在特定的系统中才有意义，如果把它放在另一个符号系统中，它可能就没有意义，或者具有其他的意义。例如，在马路上看见交通红灯表示要停下来，这是交通信号灯符号系统赋予"红灯"的意义，但是如果离开这个系统，红灯就可能是别的意义了。

我们说符号具有任意性，同样符号系统也带有很强的主观性，因为符号系统是借助编码组织起来的，人们根据一定的规则把符号的能指和所指结合起来，体现符号的符指过程，符号使用者在此过程中承认符号能指与所指的关系并在使用中遵守这种关系，这就构成了一个符号系统。不同的符号系统有不同的规则，也就是不同的编码方式，这就解释了为什么同一个符号在不同的符号系统中有不同的意义。

再进一步划分符号系统，可以把符号的能指系统和所指系统区分开来。符号的能指系统指的就是符号的形式系统，它关注的是符号的形式，如符号形状、符号的读音等。再用交通信号灯系统做例子，它的能指系统就是它的构成形式，通常由三个圆形的灯组成，分别是红灯、黄灯和绿灯，同时它们的排列顺序也是固定的。现在改进了的红绿灯用箭头表示前进的方向，箭头向上、向左和向右以及红绿黄三种颜色的箭头等，这些都是交通信号灯系统的能指系统所包含的内容。

符号的所指系统就是它的意义系统，它是能指系统的对象。"意义"两个字看似简单，却是最复杂的概念，从古至今，关于"意义的意义"的问题是各派争论的焦点，众学说派别林立，无法统一。尤其是语言符号系统，对其所指系统，即其意义系统的研究难度更大。

符号系统范围广泛，一般来说，它可以划分为以下几大类别（图1-1）。

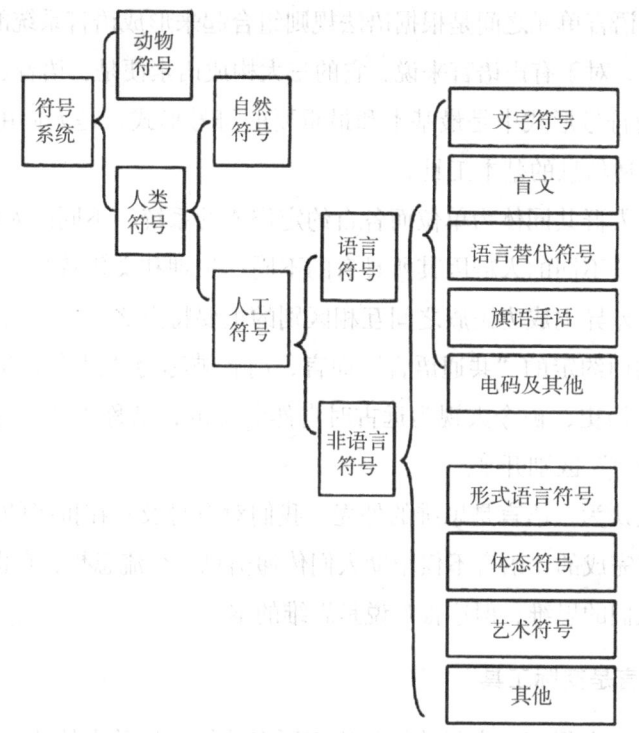

图 1-1 符号系统的划分

不同符号系统之间的转换必须通过翻译来实现。符号学中的翻译，并不限于不同语言符号之间的翻译，而是指两个或几个任意符号系统之间的转换。例如，把蚂蚁的动作意义系统翻译为人类可以看懂的语言符号系统，把语言符号转换为盲文符号系统。可见，符号之间的翻译必须对等，翻译者必须熟悉原符号系统和目标符号系统，并且掌握翻译技巧。

4. 语言的符号性

语言是人类特有的符号体系，是人们最为常用的一种符号。

狭义的语言只是指人们的口头言语和书写的文字，而广义的语言还包含所谓的表情语言、形体语言、装饰语言等，它们都是传递人的思想信息的符号形式。另外，语言通常还是指言语和文字。言语的物质形式是声音，文字的物质形式是图形，它们分别让人产生听觉的和视觉的反应。

语言作为物质形式和内容意义的统一体，体现为"音义"统一体或"形义"统一体。语言还是一种线性的结构系统，语言单元是沿着一维的方向前后相继地排列下去的，语言单元之间是根据语法规则组合起来形成语言系统的。

由此看来，对于有声语言来说，它的三大构成语素便是：语音、语义和语法。语言在所有的符号形式中是最基本和最重要的符号形式，是人们用来表达思想、交流情感、传递信息的基本工具。

语言是以人群共同体为单位而各自约定俗成的系统，不同的人群必然产生互不相同的语言。不同的人群因其所具有的不同的生理和文化特征而形成不同的民族时，语言的差异也成为民族之间互相区别的重要特点之一，所以相对于后来人类以世界范围而约定的"共通语言"而言，前者被称为"民族语言"；已经经历了漫长的发展历史，被今人视为远古时自然起源的，被称为"自然语言"，与后来的"人工语言"区别开来。

部分观点认为，语言是思维的外壳。我们对自身及外在世界的思考与认知都是借助语言来完成的。语言不仅帮助人们传递信息、交流思想，它也是思维工具，参与并体现人们的思维，但这很难说是思维的本质。

（二）语言是交际工具

语言的功能有很多，交际功能是语言所有功能中最基本的功能，具体可以从如下两个层面来理解。

1. 语言是重要的交际工具

人类社会中的每个人都生活在一定的客观社会条件之中，人与人的交际是社会生活的重要组成部分。人们往往用语言来交际，除了语言，还有很多种交际工具，如文字、灯光语、旗语、身势语等。但是，文字主要对语言加以记录，是基于语言的一种辅助交际工具，因此其与语言在历时和共时上都不能相比。灯光语、旗语是基于语言与文字而产生的辅助交际工具，因此也不能和语言相比。身势语是流传很广的交际语言，但是受各种条件的限制，有时容易产生误会，因此也不能和语言相比。

通过上述分析可知，语言是所有交际工具之中最重要的交际工具。

2. 语言是人类独有的交际工具

对于语言是交际工具，笔者在前面已经有所论述，但是这里所强调的是"人类独有"，其可以从两个层面来理解。

首先，动物所谓的"语言"与人类的语言有根本区别。"人有人言，兽有兽语。"

动物与动物也存在交际，它们采用的交际方式也有很多，可以是有声的，也可以是无声的。但是，动物与动物之间这些所谓的"语言"是与人类的语言无法比拟的。

第一，人类语言具有社会性、心理性与物理性。社会性是人类语言的根本属性，因为人类的语言来源于人类集体劳动的交际需要。运用语言，人们才能够适应自然、改造自然。相比之下，动物的"语言"只是为了适应自然。

第二，人类的语言具有单位明晰性。人类语言是一种音义结合的词汇系统与语法系统，音形义各个要素都可以再分解成明确的单位。相比之下，动物的"语言"是无法分析出来的。

第三，人类语言具有任意性。语言是一种规则系统，人们使用语言对自己的言语加以规范。但是，语言系统本身的语素、词、用什么音对意义加以表达等从本质上说是任意的。相比之下，动物的"语言"在表达情绪和欲望时并无多大区别。

第四，人类语言具有能产性。人类的语言虽然是一套相对固定的系统，且各个结构成分是有限的，但是人们能够运用这一有限的成分产生无限的句子，传递出无限的信息。相比之下，动物的"语言"是无法达到这一效果的。

其次，动物学不会人类的语言。动物能否学会人类的语言？对于这一问题，答案显然是不能。如果能学会，那就不能说语言是"人类独有"的交际工具了。很多人说，鹦鹉等能够模仿人的声音，但是这也不能说它们掌握了人类的语言，因为它们只是模仿，只能学会只言片语。也就是说，这些动物不能像人类一样运用语言产生无限多的句子，也不能写出无限多的文章。因此，人类语言是动物不可逾越的鸿沟，能否掌握人类语言，也是人与动物的根本区别之一。

（三）语言是思维工具

1. 思维的概念

有科学家争论动物也有思维，他们通过实验发现，狗会算术，黑猩猩可以借助工具获取食物，猫能够学会便后冲马桶，猴子可以借助石块砸开核桃，鸟类有自己的语言，海洋鱼类也能发出不同的声音信号，海豚和鲸鱼可以发出人类无法用耳朵听见的超声波信号，狮群分工协作围捕猎物等，这些都是动物思维的表现。

通过思维而获得创造工具的能力是人类与动物共同的标志，只是人类较为高级一些。我们既然承认人类起源于动物界，那么就应当承认动物思维的存在，不过这只是广义的思维范畴，从严格意义上来说，动物只具有低级的思维方式，而经过不断进化的人类的大脑才是高级思维的物质条件，是高级思维方式的基础。

同样，人类的语言也是从动物的这种广义范畴的低级语言逐渐进化到狭义范畴的高级语言的。或者说，人类和动物思维的本质区别在于各自运用不同的语言思维方式。从生理学来看，思维是人类与动物之间共通的，它是一种高级的生理活动，是大脑中的一种生化反应过程。人类除了睡觉之外，几乎每时每刻都在思考，思考人与自然界的关系、个人与他人的关系。通过思考从现象深入事物的本质，发现事物的内在规律，使自身能够在客观世界中生活得更好。可见，人的思维是对客观世界的一种反映，是人类在认识客观事物时动脑筋进行比较、分析及综合等的过程。

当今网络世界成为越来越多人的第二个生活场所，人们可以在网络上做现实生活中的所有事情，衣食住行、求学求职，甚至"结婚生子"，有人认为这种虚拟现实不再是客观世界，而人们在网络上的思考和行为也就不再是对客观世界的反映，因此得出结论：思维可以脱离现实。其实，我们应当清醒地看到，网络世界也是客观世界的反映，虚拟现实中的种种都留有现实世界的影子。衣食住行等行为都是客观世界里的客观发生，虚拟现实也是对客观世界的反映，因此对于网络虚拟思维，我们同样应当将其视为对客观世界的反映。

人类无时无刻不在用自己的大脑进行着思维、进行着创造，而人们却很少对自身的"思维"进行思考。在学校里，思维科学也很难成为一个独立的学科。虽然有脑科学、语言科学、逻辑学等相关学科，研究思维的物质基础、外在表现、各种形式等，但对于人类"思维"的整体研究却无法独立成科，这确实是一个遗憾，其关键原因就在于很难为"思维"定义。那么究竟应该怎样给"思维"一个准确的定义呢？人们会从哲学角度、心理学角度、语言学角度给出不同的定义。例如，"思维科学首批名词术语征求意见稿"将其定义为"人类个体反映、认识、改造世界的一种心理活动"，有人对此提出了质疑，认为这样定义把"思维"纳入了心理学的范畴。

思维科学的创始人钱学森教授高度重视思维科学的重要性，提倡把思维科学提升为与自然科学等并驾齐驱的一类科学。他提出了现代科学的一个纵向分类法，把现代科学分为六大部类：自然科学、社会科学、数学科学、系统科学、人体科学和思维科学。

这样，我们就能够更加清晰地认识思维科学的位置，脑科学、语言科学、逻辑学、心理学等学科都可以统一在思维科学体系之下。一些科学家提出了一整套思维科学的体系架构及其友邻科学，我们可以做一参考。总之，要为思维定义，一定离不开三个要素，即人脑、客观事物和内在联系。

首先，思维是人脑特有的机能，是人的大脑中进行的一种"活动"和"过程"，是一种生化反应。

其次，思维是人脑对客观事物的反映。

最后，人类通过思维能够认识客观事物的内在联系，对客观事物形成间接的和概括性的认识。

2.语言和思维的联系

人们的思维认知过程总是借助于视、听、嗅、触、说、思等手段来进行的，而人的眼视、耳听、鼻嗅、手触、口说、脑思等，又都毫无例外地通过语言来反映。思维不能脱离语言而存在，语言是思维的直接现实。语言与思维紧密相连，它们的关系辩证统一。语言有两个主要功能：思维功能和交际功能。它既是思维的产物，也给思维提供物质材料；而思维是语言的核心，它必须借助语言来进行工作。

思维的过程即人脑对外界信息的接收、加工和处理的过程。外界的语言、文字等信号通过听觉、视觉、触觉等方式被大脑接收后，便迅速进入了大脑的信息加工处理程序。语言信息的加工处理过程是在大脑中进行的，这一点不必用语言学来推导，其他相关科学的实验、测试（如脑电图、磁共振）能用更加直接的手段加以证实。最明显的是人们在说话时可以用脑电图测得脑电波，这样的脑电波测试可以重复成千上万次，结果都显示脑电波的存在。这就足以证明语言信息确实存在于物质大脑之中，语言信息的加工处理也在大脑中进行。

语言是逻辑思维的工具，当人们的大脑进行思考时，语言中枢就会对思考的画面进行"解说"和编码，大脑会自动选择自己最熟悉的语言——母语来进行编码。对于同时说两种或多种语言的人来说，语言中枢也会根据不同的情境，自然地做出选择。比如，人们常常会发现，双语儿童在和说中国话的妈妈说话时说中文，而和说英语的爸爸说话时自然地转换成英语进行交流，这就说明大脑会根据情境自动选择合适的语言来表达思维内容。

对于学习外语的人来说，无不把能够用外语进行思维作为学好这门外语的最高境界，如果能够熟练地像使用母语一样操控一门语言，我们的大脑就会在合适的情境中"毫无偏见"地采用这门语言作为思考的工具。随着社会的发展和科学的进步，人们对语言、思维和现实的思考从更多角度展开。

二、语言的功能

对于语言的功能，这里从心理学与社会学的角度展开分析和探讨。语言的心理学功能即人们用于与客观世界进行沟通的工具或手段，是人们对外部世界进行认知的心理过程，是主观的功能。其可以细分为命名功能、陈述功能、表达功能、认知功能和建模功能五种。语言的社会学功能即语言作为工具或手段被用于与他人沟通，是人与人之间进行沟通的心理过程，是外显功能。其可以细分为命名功能、陈述功能、表达功能、认知功能、建模功能、人际功能、信息功能、祈使功能、述行功能和煽情功能十种。下面就对这细分的十大功能进行研究。

（一）命名功能

所谓命名功能，指语言被用于对某些事物、事件进行标识。这是人类运用语言的一大强烈心理需求，且蕴含的意义巨大。大部分儿童对掌握生词都有一种迫切的心理需求，这表明了掌握鉴别事物的符号的重要性。因为只有掌握了这些符号，才能说个体真正地掌握了这种事物。

人类在没有语言之前，世界万物在人们的心目中所留下的印象是不同的，因此产生了人们对这些事物在认知上的差异，并且通过这些印象，他们可以识别这些事物。但是如果没有语言，人类是无法对这些事物进行表达的，这些事物在人类的大脑中的存在也仅是一种意会。这样的话很容易出现混乱。

例如，当人们一见到兔子时，只知道它跑得很快，但是并不知道它叫什么，人们只能记住它的形象；当人们第一次见到荷花时，并不知道它叫什么，但是能感觉到它与其他事物之间的差异，只能在头脑中形成它的形象。但是，随着人们见到的事物越来越多，那些叫不出名字的事物就会在头脑中显得非常混乱。在这样的情况下，人们就有了对事物进行命名的需要，因此一些名字也就相继出现了。

随着语言的诞生，人们能够为各种事物命名和赋予意义，也使得人们的记忆力明显提升。

（二）陈述功能

所谓陈述功能，即将语言作为对事物与事件之间的关系进行说明的工具或手段。随着人类社会的进步，仅仅对事物进行命名显然不能满足人们交际的需要。这是因为，在日常生活中，人、事物、事件之间有着必然的关联，可能是外显的，也可能是内隐的，对于这些关联，最初人们采用了一些主谓句式或者"话题—评述"的功能语法结构等，从而形成一个命题。但是通常来说，一个命题显然也是不够的，于是人们又创造了更多的命题，这时篇章就形成了。久而久之，人们就学会了对复杂命题的表达与陈述。

例如，当我们看见一群羊在吃草，一般就会说："羊群在草地上吃草。"草地上的牧羊人跟我们打招呼："嗨！你们好呀！"然后我们想把此事告诉家人，就会对家人说："今天我们去了草原，在那里我们受到牧羊人的热情欢迎。"这个例子中既有单个的命题，也有多个命题构成的篇章。

（三）表达功能

所谓表达功能，即将语言作为对主观感受进行表达的工具和手段，其可能是简单的词语，也可能是句子或者篇章。也就是说，人们可以使用语言表达喜怒哀乐。

例如，当人们表达胜利的喜悦时，往往会说："Hurrah, we've won!"当人们遇到恐怖情况时，往往会说："Oh, how horrible!"当人们对某件事表达赞同时，往往会说："Ok, you can go."

除此之外，语言的表达功能还可以帮助人们仔细推敲韵律、词句结构等，从而将内心情感传达出来，诗歌就是很好的例子。

（四）认知功能

所谓认知功能，即将语言作为思考的工具或手段，这是一个非常重要的功能。人们的思维活动往往将语言作为载体，这在之前的定义中已经有所提及。也就是说，一切抽象、复杂的思维都离不开语言，语言可以帮助人们分析与思考，从而使人们的智力越来越发达，创造出更多的精神与物质文明。

例如，当牛顿看见苹果从树上掉落下来时，勤于思考的他苦苦思索："Why does the apple fall down to the ground instead of flying up toward the sky? What force is it that get sit down?" 当我们走在街头，忽然发现前方道路上围了一堆人时，我们往往禁不住会想："What has happened? Oh, there must be an accident. Is there anybody injured?" 可见，人们进行思维时，就是在对客观世界进行认知，而语言在人们的思维活动中发挥着认知的功能。

（五）建模功能

所谓建模功能，即将语言作为对客观现实的认知图式进行构建的工具或手段。随着人类认知能力的提升，词语能够为人们提供一个观察世界的图式结构，而全部的词语符号系统就组成了能够透视大千世界的模型。在这一模型中，词语可以划分为多个层次，居于下层的称为"下义词"，居于上层的称为"上义词"。层次越往下，词语就越泛化。当然，上义词与下义词都是相对而言的。随着新事物不断涌现，曾经的上义词也可能变成下义词。

例如，在远古时期"树"是不可以划分的，是一个孤零零的下义词，但是随着人们对树的研究的深入，发现其可以划分为多个种类，如柏树、杨树、松树等。这时，"树"就成了上义词。

总之，上义词与下义词构成了一个词语系统，是对大千世界事物类型的反映。语言的建模功能不仅提升了人们对客观世界的认知能力，还促进了人们语言能力的进步。

（六）人际功能

所谓人际功能，即将语言作为对人际关系进行维持和改善的工具和手段。人们为了维持关系，往往会在不同的场合运用各种不同的语言，如正式的场合使用正式用语，非正式的场合使用非正式用语等。这样的使用不仅可以获得他人的好感，还可以体现自身的地位和魅力。一般来说，地位高的人在和地位低的人说话时，往往会使用屈尊俯就的口气；而地位低的人想讨好地位高的人一般会使用阿谀奉承的口气。

当然，有时候人们交谈仅仅是为了保持交往的关系。例如，在酒会上，人们交谈会话的语义内涵往往为零，但是为了保证一种惬意的氛围，往往会闲聊一些小事。在这种场合，人们交谈的话多是场面话。

(七)信息功能

所谓信息功能,即将语言作为信息传递的工具或手段。一般来说,人们的交谈就是在传递信息,从而将语言的信息功能发挥出来。但需要强调的是,交谈者所传递的信息必须与信息接收者已知的信息匹配,否则信息接收者将无法接收所传递的信息。

例如,在课堂教学中,教师必须根据不同学生的认知水平、学习能力及自身素质展开知识技能的传授,这样才能做到因材施教。当然,除了教学内容,教师的教学语言也需要根据教学对象而定。

(八)祈使功能

所谓祈使功能,即将语言作为发布指令的工具或手段。在语言交际中,人们往往会告诫、提醒等,这时使用的就是语言的祈使功能。例如,儿子早晨上学时,妈妈往往会提醒儿子:"Be quick, or you'll be late for school."这就是提醒,并使用了祈使句,目的是加强语气,从而对受话人的行为举止产生影响。

(九)述行功能

所谓述行功能,即将语言作为对事件或行为进行宣布的工具或手段。发话人如果是权威人士,往往会使用十分正式的语言或句式。例如,婚礼上神父或牧师向新婚夫妇以及众人宣告:"I pronounce you man and wife."

(十)煽情功能

所谓煽情功能,即将语言作为煽情的工具或手段。在很多时候,人们运用语言只是为了打开心扉,影响他人的情绪。一般来说,在这类交谈场合,越运用有丰富内涵意义的语言,越能够煽情。

例如,一些领导往往会使用振奋性语言来鼓舞人心,一些商家为了吸引顾客使用一些动员类的语言等。这些话语的运用都是为了激发对方的情感。

三、语言的特点

(一)自然性

语言是由形式和意义两部分构成的符号系统,语言符号又可以具体切分出清晰的单位，符号与符号之间有着或横向或纵向的关系，相互之间可以组合，而且组合是呈线性的。此外，语言符号具有生成性，通过一定的语言规则，有限的符号可以生成无限的句子，表达无限的意思。

（二）社会性

语言是一种交际工具，交际是其首要职能，信息的传递、情感的表达都需要借助语言这一工具来完成。语言这种工具具有全民性，不分年龄、性别地为全体社会成员服务。

语言产生于社会，又广泛运用于社会，且随着社会的发展变化而变化。反过来，语言能够反映社会，通过对语音进行研究就可以从中观察社会现象，并了解社会现象。

（三）心理性

语言与思维关系密切，语言是人类进行思维活动的重要工具，如果离开语言，人的思维活动也就难以进行；反过来，如果脱离思维，语言也就无所依靠，就会毫无逻辑。可以说，思维是语言存在并正常运行的基础，如果思维出现问题，那么语言能力也会受到严重影响。

第二节　英汉语言的发展史

语言实际上所反映的是一个民族兴衰发展的历史。因为语言受到各种社会因素的影响，主要包括政治（军事入侵与占领后的政治统治）、经济（支撑政治、军事话语权的基础平台）、教育（军事入侵与占领后的语言教育与文化意识形态教育）等。

一、英语的发展史

英语从产生发展到现在已有1500多年的历史了。英语的发展主要经历了三个时期：公元450—1150年的古英语时期，公元1150—1450年的中古英语时期和公元1450年至现在的近代英语时期。

（一）古英语时期

英语的发展史可以追溯到公元前 500 年左右，即由大不列颠岛史料记载的凯尔特语（Celtic）。到了公元前 55 年，由于罗马人的入侵，其语言也随之传到了大不列颠岛，从而大大地削弱了凯尔特语的地位。约 5 世纪中叶，居住于丹麦与德国北部的三个日耳曼人部族，即盎格鲁人（Angles）、撒克逊人（Saxons）和朱特人（Jutes），趁罗马帝国衰落之机侵入大不列颠岛，并逐渐在语言上取代了当时的凯尔特语。经过长期的发展，这三种语言逐渐融合为一种新的语言，并成为当地的官方语言，即盎格鲁 - 撒克逊语（Anglo-Saxon）。盎格鲁 - 撒克逊语就是英语的雏形，后来成为英语发展的基础。到了公元 700 年，大不列颠岛上的居民将盎格鲁 - 撒克逊语取名为 Englisc，后来，又将岛上的国家称为 Englaland，经过长期演变形成了 English 和 England 两个单词。到了 8 世纪末，丹麦人入侵并在英国东北部建立了丹麦区，公元 9 世纪英国又遭到斯堪的纳维亚人的大规模侵略，他们在英国的许多地方定居下来，并和英国人通婚。他们把自己的语言也带到了英语中。斯堪的纳维亚语对英语的发展产生了重大影响。这个阶段是英语形成、发展和统一的阶段，也被称作古英语时期，这一时期的语言则被称为古英语。

（二）中古英语时期

1066 年，法国诺曼底公爵威廉率军侵入英国并建立了诺曼王朝。1154 年，诺曼王朝国王斯蒂芬去世，诺曼王朝就此终结。在诺曼王朝统治期间，诺曼语作为法语的一种方言在英国享有特殊地位，成为英国政府、教会和学校的官方语言，英语是下层社会劳动者使用的大众语言，上流社会都说法语、写法语。拉丁语则成为进行宗教活动的宗教语言。也就是说，诺曼王朝统治期间的英国实际上存在三种语言。法语的使用一直延续到 14 世纪，于 1362—1399 年法院、高校、宫廷等才停止使用法语。

诺曼底公爵威廉征服英国之后，大部分官员都是由法国贵族担任，法语成为英国上流社会语言。这一阶段大量法语词汇进入英语，是为中古英语。至今，英语中仍保留着大量的拉丁语和法语词汇，如 angel、candle、pope、jury、verdict 等。在现代英语中，羊是 sheep，而羊肉是 mutton；猪是 pig，而猪肉是 pork；牛是 cow，而牛肉是 beef。这都是诺曼人入侵的结果，动物名称是英语沿袭词，而动物的肉的名称则是法语沿袭词。因为当时饲养猪、牛、羊的下层劳动者说的是英语，因而这些动物的英语名称便沿用了下来。但他们所饲养的家畜是供给说法语的上层社会的人吃的，因而这些动物的肉的名称就得用法语，否则这些上层社会的人听不懂。1338—1453年，英法两国发生了长达100多年的战争，史称"百年战争"。百年战争激发了英国的民族意识，英语开始重新回到主流地位。1382年，《圣经》出现了英语的版本，这促使英语成为英国的全民语言，从而结束了拉丁语和法语的统治地位。

（三）近代英语时期

近代英语时期约从15世纪中叶开始，分为早期（约1450—1700）和晚期（约1700年至今）。晚期近代英语即现代英语。文艺复兴运动兴起英国人开始对古希腊和古罗马文化进行研究，英语吸收了大量古代社会及当时欧洲大陆文化精华，词汇量大增。例如，来自希腊语的词汇 geometry, botany；来自法语的词汇 surpass, alloy；来自西班牙语的词汇 banana, cocoa, mosquito；来自意大利语的词汇 violin, piazza。

18世纪以后，随着工业革命兴起，英国开始对外开拓市场，在全球争夺殖民地，英国的快速发展推动了英语走向世界的进程。在与世界各地交往和殖民统治的过程中，英语吸收了大量外来新词汇。例如，zebra（斑马）、chimpanzee（黑猩猩）等来自非洲；cashmere（山羊绒，开司米）、shampoo（洗涤剂）等来自印度；tea（茶叶）、litchi（荔枝）等来自中国；kangaroo（袋鼠）、boomerang（回飞镖）等来自澳大利亚；cannibal（食人者）、canoe（独木舟）等来自西印度群岛。

除英国本土外，以英语为母语的国家有爱尔兰、美国、加拿大、巴哈马、澳大利亚、新西兰、牙买加等；将英语作为官方语言的国家包括菲律宾、印度、尼日利亚、加纳、南非、新加坡、肯尼亚、乌干达、津巴布韦等。另外，现在还有很多国家将英语作为第二语言。近年来，英语已经成为世界文化、经济和政治交流的重要语言，逐渐发展成为一种世界语言。

英语也存在很强的地域性差异。在英国本土，由于盎格鲁人、撒克逊人、朱特人分别定居于不同地点，这就使英语在发展的初期就出现了显著的地域差别。随着工业化的推进和城市的发展，伦敦发展成为全英国最大的城市，吸引了不同方言区居民的到来。这些方言不断融合，最后以全英国文化中心的牛津和剑桥所用的语言作为英国的标准语，逐渐推广到全英国乃至国外，成为英国内外统一使用的英语。

二、汉语的发展史

（一）上古时期（商、周、秦、汉时期）

从公元前18世纪到公元3世纪，即商、周、秦、汉时期，为汉语发展的上古时期。其中，商为上古前期，周、秦为上古中期，两汉（东汉、西汉）为上古末期。这一时期汉语呈现出的特点为：（1）在语音上，没有轻唇音和舌上音，声调分平、入两大类。（2）在词汇上，以单音节词为主，存在一定数量的复音词。（3）在语法上，实词缺乏一定的词类标志，且存在宾语前置的现象，如"吾谁欺"。

（二）中古时期（魏晋南北朝、隋、唐、宋时期）

从公元4世纪到12世纪，即魏晋南北朝、隋、唐、宋时期，为汉语发展的中古时期。其中，魏晋南北朝为中古前期，这一时期少数民族不断内迁，西晋灭亡后，少数民族统治中国北方，中原士族迁居江左，汉语和北方少数民族的语言开始融合。唐、宋为中古的中、后期，这一时期政治、经济和文化的发展达到了鼎盛时期，从而使得中原地区的汉族语言，即汉语得到了完善的发展和广泛的传播，并产生了深远的影响。

这一时期汉语呈现出的特点为：（1）在语音上，以《切韵》音系为代表的中古语音系统形成，轻唇音和舌上音产生，平、上、去、入四声形成。（2）在词汇上，四声别义现象普遍加强，复音词大量增加，出现一定数量的外来借词。（3）在语法上，动补结构出现，动词词尾"了"和"着"出现。（4）文言和白话两种书面语同时并存，但文言书面语占有统治地位。

（三）近代时期（元、明、清时期）

从公元13世纪到20世纪初，即元、明、清时期，为汉语发展的近代时期。其中，元代为近代前期，明、清（鸦片战争以前）为近代中期，鸦片战争到五四运动为近代末期。这一时期汉语呈现出的特点为：（1）在语音上，舌上音和正齿音合并形成卷舌音，入声消失，平声分阴、阳两类，声调分阴平、阳平、上声和去声四类。（2）在词汇上，口语词汇大量进入文学作品，由于西方文化的引入，大量外来词汇进入汉语，大量的双音节词出现，词汇以双音节词为主。（3）在语法上，普遍使用结构助词"的、地、得"，语气词系统形成。

(四)现代时期(自五四运动到现今)

自五四运动以来,汉语进入了现代时期,形成了以北京语音为标准音,以北方话为基础方言,以典范的现代白话文为语法规范的现代汉民族的共同语(普通话)。这一时期汉语呈现出的特点为:(1)在语音上,以北京语音为标准音。(2)在词汇上,以双音节词为主,多音节词并存,汉语词汇量呈现不断扩大的趋势。(3)在语法上,形成了完善的现代白话文语法规范。

第三节 英汉语言对比分析

一、英汉语言对比研究的起源和发展

语言对比研究的历史源远流长。"中西方民族的行为习惯、思想文化各有千秋,英语和汉语在使用的过程中呈现诸多差异。"[1] 在对语言进行比较研究的过程中,由于人们的兴趣、目的、方法不同,逐渐形成了不同的语言学分支。欧洲和美国是对比语言学的两个主要源头。

欧洲传统的对比语言学起源于19世纪末20世纪初,代表了当时语言学研究的兴趣。这一传统的对比语言学研究大多是理论性的,并一直持续到20世纪60年代。美国传统的对比语言学起源于第二次世界大战期间,"对比语言学"这一名称是由美国人类语言学家沃尔夫(Whorf)在1941年首次提出的,他在《语言与逻辑》一文中第一次提出了"对比语言学"的名称,并指出可以将比较语言学中产生的新的思想方法称为"对比语言学",它主要是指研究不同语言经验、逻辑和语法等方面在一般分析中的重大区别。美国对比语言学的兴起主要是由于当时外语教学的需要。为了让大量的美国移民在短时间内掌握英语,同时也为了让出国参战的美国士兵迅速掌握一些有关参战地区所使用语言的基本知识,学界当时认为外语教学最有效、最经济的方法就是"对比分析"。这一指导思想的心理学理论基础是行为主义的刺激—反应联想学习原则,该理论认为,外语学习过程是一个母语与外语之间建立起联想的过程。与此同时,美国结构主义描写语言学

---

[1] 贾信信:《从宏观层面和微观层面谈英汉语言对比》,《英语广场》2020年第19期,第59—61页。

日趋成熟，提出了一套对语言的结构按层次进行切分的方法和程序，从而推动了对比语言学的发展。美国的对比语言学从一开始就服务于外语教学，被认为是外语教学的一个重要理论基础。20世纪60年代以后，这种以教学为目的的对比语言学的两个理论基础——行为主义心理学和结构主义语言学都受到了批判，从此，对比语言学在美国一蹶不振。

对比语言学在欧洲的发展则选择了不同的道路。20世纪50—60年代，欧洲各国多个语言学派及其语言学家对语言学理论对比研究作出了巨大贡献。20世纪60年代中期，对比语言学在美国开始走向末路，而在欧洲则方兴未艾，其研究的重心开始从美国转向波兰、芬兰等欧洲各国，一大批有组织的对比研究项目蓬勃开展。这些项目有的侧重于理论研究，有的侧重于实践应用，但大多采用转换生成语法作为对比描述的语言学框架，这些项目的开展大大促进了对比语言学的发展，成果颇丰。不过此时的对比语言学研究绝大部分是英语和其他欧洲语言之间的对比。此后的几十年里，对比语言学得到了迅猛发展，传播到欧洲之外的国家和地区，并有大量著作问世。

20世纪末，新的语言学理论层出不穷，涉及语用学、生成语义学、社会语言学及认知语言学等方方面面，并取得了前所未有的研究成果。1998年，芬兰的对比语言学家切斯特曼（Chesterman）出版了专著《对比功能分析》，本书被视为半个多世纪以来西方对比研究的集大成之作。他不仅尝试对涉及对比基础的一些概念进行哲理性探索，而且还从理论上将对比研究与翻译研究联系起来，提出了一套更具操作性的对比研究程序。他注重将对比范畴从外向的语用学层面延伸至内向的语言使用者心理，建立了一个宏大而又缜密的功能对比研究体系。这种从宏观走向更加宏观、从二维对比发展至多维立体的研究，昭示了对比语言学的历史发展趋势。

正当对比语言学以欧洲为中心进行着宏观对比以及理论建构的同时，中国的对比语言学也在蓬勃地开展。1977年，吕叔湘先生发表了《通过对比研究语法》一文，该文章被视为中国的对比语言学学科形成的标志。此后的几十年里，来自汉语界、对外汉语界、英语界及理论语言学界等各方面的力量形成合力，在语音、语义、语法、语用和文化等许多方面的中外语言对比上取得了丰硕的成果，研究的视角也从最初单纯的微观研究逐步发展到了宏观研究。

我国著名语言学家吕叔湘对我国的语言对比研究作出了巨大贡献，主要表现在4个方面：(1)积极倡导比较方法论。他认为只有通过比较，才能了解一种语言的文法，才能了解各种语言表现手法的异同。(2)努力实践比较方法论。吕叔湘先生以严谨的科学态度从析句、词序、词形变化、语音、拼法、非限定动词、动词时态、词义、词类等方面进行了英、汉两种语言的比较，为中国的英语教育指明了方向。(3)在理论和方法上有独特建树。他主张应用性对比研究应重在求异、释异。(4)重视学科建设与人才培育。吕先生创建了我国第一个英汉对比语法专业课程，这一举动充分带动了各个高校积极建立和开展面向全体学生的英汉语言文化对比课程。

二、英汉语言对比的内容

（一）英汉文字、词汇、语法、修辞、语篇对比

语言对比分微观对比和宏观对比两大范畴。微观对比包括语音、文字、词汇、语法等，而宏观对比则关注语言习惯、文化背景等。

英汉语言对比主要通过实际英汉翻译例证，分析英语和汉语在语言风格、句法现象、词汇表达上的差异，了解两种语言在词汇意义和语序安排上的异同，掌握句子结构、句子顺序及内容在表达上的特点等，科学地进行翻译练习和翻译实践。语言的表达方式不仅与文化有着密切的关系，而且与思维及逻辑方式也有着密切的关系，这种思维及逻辑方式的差异在语言表达方式上的表现，既存在于语篇的思路和结构上，也存在于句子的水平上。

英汉文字对比是英汉语言微观对比中的重要部分。文字学是语言学中以文字为研究对象的一个分支学科，创始于中国。英汉文字对比虽然属于英汉语言文化微观对比的范畴，但是其比较内容所涉及的范围却十分广泛，包括文字的起源与演变、文字的形体特征、文字在语言单位中所处的地位、文字的表音性质和表意性质等。

词汇是一种语言里所有的词和固定词组的总和。词汇学是语言学的一个分支学科，词汇学研究语言或一种语言词汇的组成运用和历史发展。可以说词汇研究是语言学研究的一部分。古代汉语只能被称为语文学，并没有发展到西方系统逻辑的语言学的程度，但是，汉语词汇学研究却历史悠久，它起源于我国古代的训诂学。语言学发达的英语长久以来没有词汇学一说，可是词汇的研究

却是由来已久的。现代语言学的兴起和蓬勃发展也对词汇研究产生了巨大的影响。

语法研究的目的在于描写和总结语言的组织规律，其范围和内容随着人们对语法在语言中的地位的认识不同而不同。英汉两种语言具有不同的语法体系，英汉翻译的技巧必定涉及两种语法的比较。

修辞学所研究的是如何提高语言的表达效果，是以修辞活动为研究对象的一门科学，主要包括语音、词汇、语法中的各种修辞手段。从发源的角度来看，汉语传统修辞学与西方传统修辞学有着截然不同的出发点。西方传统修辞学以说服别人、在辩论中获胜为出发点，试图影响他人，与演讲手段有着密不可分的关系。中国传统思想强调修身养性，汉语修辞主要着重于文字写作方面，是古代文人塑造人际关系、参与社会管理的必备技能，主要以安身立命、维护君王统治、治国平天下为主要目标。

语篇对比属于对比语言学的范畴，英汉语篇对比研究是起步发展较晚的一个领域。句子一直以来都是人们认知中最大的语言单位，随着语篇分析的飞速发展，语篇逐渐成为比句子更大的语言单位，许多专家、学者也越来越重视对语篇的研究，从而把对语言的研究提升到了篇章的层面上。韩礼德（Halliday）和哈桑（Hasan）在《英语的衔接》一书中详细描写了英语语篇中的衔接现象，并将衔接的手段划分词汇衔接、连接、省略、替代和照应五类，这一理论的提出对之后的英汉语篇衔接手段对比产生了深远的影响。

语用学是一门新兴的语言学分支学科。语用学的发展经历了一个漫长的阶段，直到20世纪六七十年代，语用学才作为一门独立的语言学分支学科被人们所熟知。英汉语用对比研究涉及理论研究、话语结构、语用教学、语用失误、指示语、交往规则等多个方面。

语言的产生可以说是人类为了传播文化思维经验而形成的一套特殊的表达方式。语言是文化的载体和交流工具，是文化的镜子，而文化是语言赖以生存和发展的土壤。因此，语言不能脱离文化而存在，必然受到文化的影响和制约，同时语言也促进文化的发展，两者密不可分，相互依赖。

随着英语学者和对比语言学学者对汉语研究的热情越来越高，关于英汉思维、文化及语言之间的影响这一问题的深入思考和研究，已经发展成为英汉对比研究中的一门新学科。

（二）英汉语音对比

语音是语言的声音，是语言的基本物质外壳和表达手段。内容和形式是语言最重要的两个方面，其中语义是语言的内容，而语音则是语言的外在形式。一般情况下，语音都要表达一定的语义，是语言的物质外壳。自然界的声音既不能起到社会交际的作用，也不能表达语义，如风声、雨声。由于这些声音并不是由人类发声器官所产生的，并不能纳入语音的范围。因此，想要充分了解语言，人们必须懂得语言的语音特点。同样，要了解不同语言之间的异同，对其语音进行对比研究也势在必行。

语音的研究和分析通常是从语音的生理性质、物理性质和社会性质3个方面进行的。语音的生理性质和物理性质属于语音学的研究对象。

1. 生理性质

从生理上看，语音是人类的发音器官（包括肺、气管、喉头、声带、口腔和鼻腔等）高度协调活动的结果。不同语言之间的语音差异主要是由发声器官活动的部位不同造成的。

2. 物理性质

语音的物理性质主要表现为音色、音高、音强和音长。

音色是指声音的特色，它是由音波波纹的曲折形式不同造成的。决定音色的三个条件：共鸣器的形状、发音方法和发音体。音色在语音中表现为区分元辅音，英语与汉语的元音和辅音大多相同或相近，但是此有彼无的情况也有不少。

音高是指声音的高低，它是由一定时间内发音体的振动次数（频率）决定的。在一定时间内，发音体振动次数越多，声音就越高，反之就越低。除此之外，声音的高低还与发声体自身的粗细、松紧、宽窄、长短、厚薄等方面有关。在语音中，声音的高低主要体现在声调上。汉语是典型的声调语言，对音高的变化特别敏感。

音强是指声音的强弱，它是由音波振幅的大小决定的。音波振动的幅度大，声音就强；反之，声音就弱。音强在语音中主要体现在重音上。在英语中，重音具有区别词义或词性的功能，是英语语音表达的主要手段之一。因此，可以说英语是一种重音语言。

音长是指声音的长短，它是由发音体振动时间的长短决定的。在语音中，轻声和语调都受音长的影响。

3. 社会性质

语音的社会性质指的是各语音特征及不同语音要素在语言交际中的表达功能，语言的各种意义都要靠语音表达出来，并且语音与其所表达的意义之间具有社会约定俗成的特点。例如，"gē qǔ"（歌曲）表达"由歌词和曲谱相结合的艺术形式"，这样的意义是由讲汉语普通话的人们所公认的、约定的，而不是因为这个语音形式本身的功能。同样，在英语中，"music"也是如此。语音的社会性质是音系学的主要研究对象。

（三）英汉音位系统对比

音位指的是一个语言系统中能够区分词义的语音单位，即按语音的辨义作用归纳出来的音类，是语言系统中最小的语音单位，也是从语言的社会属性划分出来的语言单位。

音位是指某一具体语言或方言中，最小的具有区别意义作用的语音单位。某一语言的语音采用了一套数量有限的音位构成了该语言的音位系统。确定音位的主要依据是语言中音素的分布和对立情况。音位可以看成一组相互关联的音素的抽象代表，这一组相互关联的因素便称为这个音位的音位变体。音素是根据语音的自然属性划分出来的最小语音单位。从声学性质来看，音素是从音质角度划分出来的最小语音单位。从生理性质来看，一个发音动作形成一个音素。例如，汉语拼音中，有"a"这个音位，它在z、c、s后面发的音是一个音素，在zh、ch、sh后面发的音又是一个音素，在其他声母后面发的音则是另一个音素。这三个音素就是a这个音位的三个变体。在传统语音学中，人们将语音划分为两大类，即元音和辅音，它们是语音学中的术语。元音指的是气流振动声带，流经口腔或鼻腔不受阻碍而形成的音；辅音则是气流在口腔或鼻腔受阻而形成的音。在语音研究中，英语研究者通常将元音与辅音作为研究对象。

三、英汉语言对比的理论和方法

语言是社会文化的重要组成部分，不同语言在词语等方面的差异，能够充分反映使用这种语言的社会文化方面的重要特征，如语言文化、宗教文化、社会文化和物质文化等。英汉语言对比的方法主要有两种：一是以语法为中心，二是以语言事实为基础。以语法为中心是较为传统的对比方法，也是较为直接简便的方法，由于语法研究主要是对语言的语义表达与其组织规律之间关系的研究，因此其差异主要是指两种语言之间最基本的差异。

（一）以语法为核心

1. 定义

首先要弄清楚两个概念，即客观语法和主观语法。客观语法，主要是指不同语言客观存在的语言组织规律；主观语法，主要是指在研究客观语言事实的过程中所总结出来的语法体系。由于研究立场和角度的不同，不同的研究者对语言事实的解释也会有所不同，因此主观语法通常与客观语法存在一段距离。

2. 对比研究需要遵循的原则

针对汉语语法体系的特点，在进行对比研究时必须遵循三个原则：一是在两种语言中，同一种语法术语所代表的意义有所不同。二是在议论语法问题的过程中，必须要分清一般的思维概念和语法概念。三是同类词在不同的语言中的功能不完全相同。

（二）以语言事实为前提

英汉对比的第二种方法是以语言事实为基础。收集语言实际使用中足够多的第一手语料，并对其做详尽的描写，进而深入探讨、分析和解释其中所反映的问题。但需要注意的是，在对语言事实进行充分描写的基础上，结合从语法框架入手的思路，归纳和总结发现的信息，使其最终指向系统性的解释，而不是仅仅满足于对零散语言现象的分析。"描写"是解释的前提和基础，任何解释都必须建立在客观的、科学的描写之上，否则是不具有任何意义的。但是，为了使对语言的认识不断深化，且上升到理论的高度，除了要描写之外，还需要做进一步解释。显然，这两者是相辅相成、缺一不可的。理论的价值只有在解释具体语言事实时才能实现，且会随着解释力的增强而提高。可以在"描写"的基础上进而发现英汉两种语言在表达上存在的一些规律性的区别。

四、英汉语言对比的价值

对比分析是语言研究的重要手段。许多专家学者认为，语言学理论是对世界各民族语言综合比较、分析、研究得出的科学结论。语言学家历来重视语言的对比研究，他们的论著常通过研究其他国家和民族的语言来论述本族语言，或通过不同语言的对比分析来揭示本族语言和其他语言的异同之处。语言学上的这种研究被称作"对比分析"或"对比语言学"。

要研究语言，就要对语言的本质有所了解和认识，也就是说要了解和认识语言的基本性质、结构和组织规律。了解和认识语言本质最直接的方式就是对不同的语言进行对比分析，描述它们之间的异同，服务于具体的语言应用。从理论上讲，对比研究既是进行语言研究的一种有效方法，也是促进语言研究的新途径，它不仅可以促进英语研究，而且可以促进汉语研究，还能使语言的描写和阐述更加精细。

人类对母语有一种天然的依附感，在使用母语时靠的是一种习惯或本能。例如，我们在使用汉语时很少考虑为什么要这样说，这样说是否合乎逻辑，等等。我们想当然地认为语言就是这样使用的，没有什么原因或理由。如果我们在语言研究中引入英语进行比对，发现其中的不同并加以整理，我们就会对母语乃至英语的组织结构有一个全新的认识，归纳出具有普遍性的结论，从而使语言研究变得更加丰富。

从实践上讲，全面地对英汉两种语言进行对比，不仅能够对语言结构知识和不同语言体系之间的关系有进一步的认识，还有利于翻译与教学活动的开展。同时，在对比英汉语言的过程中，能够熟练掌握两种语言的差异，从而为英汉互译打下坚实的语言基础，进一步掌握英汉语言知识。除此之外，英汉语言的对比分析还能消除母语对英汉互译、遣词造句的干扰。

第四节 英汉语言的对比翻译

一、英汉语言对比翻译的流程

翻译的过程主要是指译者在正确理解原文意义之后，通过利用具有创造性的手段以另一种语言再现原文的过程，主要包括三个阶段，即理解、表达和校核。在翻译的过程中，必须熟练掌握理解与表达之间的关系，理解是表达的前提，因此不能将两者分开。一般情况下，译者在理解一段或一篇文章时，会下意识地选择表达的手段；当译者在进行表达时，则会进一步加深其对翻译文章的理解。

（一）理解阶段

分析原文是译者探求正确译法和正确理解文章内容的关键。因此，在实现确切翻译的过程中需要注意以下3个方面。

1. 理解语言现象

译者在理解原文的词汇和句子的含义时，应充分考虑原文的语境，如下例：

Suddenly the line went limp. "I'm going back," said Kurth. "We must have a break somewhere. Wait for me. I'll be back in five minutes."

译文：引爆电线突然耷拉下来。库尔思说："我回去看看。一定是哪个地方断了。等一等，我五分钟就回来。"

"break"包含了多种意义，既可以表示"休息"，又可以表示"断开"。在本例中，有些译者由于没有根据语境正确理解"break"的意义，通常会将"We must have a break somewhere"错误地翻译为"我们必须找个地方休息一下"。

2. 理解原文所涉及的事物

译者在翻译的过程中不仅要正确分析原文的逻辑关系和语言形象，还要对一些特有的事物或历史背景进行透彻的理解，如下例：

John can be relied on. He eats no fish and plays the game.

译文：约翰为人可靠。他既忠诚又正直。

本例中，"eat no fish"是英国伊丽莎白女王时代的一个典故，这个时期的耶稣教徒为了表达对英国政府的忠诚，拒绝了罗马天主教徒在星期五只吃鱼的习俗。因此，这句话代表了"忠诚"的意思。而"play the game"是习语，主要是指为人正直、公平对待的意思。有许多译者因为对这两个句子没有深入的了解，尤其是后面一句，通常会错译为"他一向不吃鱼而且经常玩游戏"。

3. 理解逻辑关系

译者应通过语境去理解原文中的逻辑关系，以及词语和句子可能包含的含义，从而选择准确的译法，如下例：

It is good for him to do that.

这一例子存在两种不同的意义，即"他这样做是件好事"或"这样做对他有好处"，因此译者在翻译的过程中，必须自己分析原文的内容，根据语境选择更符合逻辑的译法。

（二）表达阶段

在表达阶段，需要译者根据对原文内容的理解进行一定的梳理和分析，从而利用另一种语言重新表达出来。译者对原文内容的理解程度影响着表达的效果，但是不能保证表达的准确性。表达的主要方法包括以下两种。

1. 直译

直译主要是指在保持原文内容、风格和形式的基础上进行翻译，而不是死译或硬译。如下例：

But I hated Sakamoto, and I had a feeling he'd surely lead us both to our ancestors.

译文：但是我恨坂本，并预感到他肯定会领着咱们去见祖先。

在本例中，译文还原了原文的内容，还再现了原文所运用的比喻修辞手段。由此可见，直译法不仅有助于引进国外的一些表达方式、句法结构和新鲜词语，还能保持原文的风格，从而使译文更加完善、丰富。

2. 意译

不同语言在表达方式、句法结构和语言词汇等方面存在着一定的差异，因此当原文内容与译文在某些方面不一致时，译者则需要采用更为理想的翻译方法，即意译。如下例：

Don't cross the bridge till you get to it.

译文：不必自寻烦恼。

在本例中，如果运用直译的方法应该将其译为"到了桥边才过桥"，这会使读者很难真正理解原文的意思，因此采用意译法更理想。

（三）校核阶段

校核阶段主要是指译者对原文内容进行核实并反复推敲译文语言的过程。校核能够有效避免译文出现错译或漏译的现象。译者需要校核的内容包括：（1）一般情况下，对译文应校核两遍，分别校核译文与原文的内容是否相符，以及润饰文字是否准确。在时间比较充裕的情况下，译者应对照原文再通读一遍译文，从而保证译文的准确性。（2）检查和修改译文中存在的陈腔滥调，以及冷僻的词汇等。（3）检查和修改译文中段落、句子和词语等方面的错误。（4）检查和修改日期、数字、地名和人名等方面的错误。

二、英汉语言对比翻译的意义

(一) 语言价值

从翻译的形式来看,其主要是一种符号转换活动。译者在翻译没有与目的语对应词语的译文时,可以采用创造新语和袭用旧名两种方法。由于袭用旧名容易导致翻译失去其原有的作用,因此创造新语的方式更为常用。

(二) 社会价值

翻译的社会价值主要产生于其活动所具有的社会性,即翻译对社会的交流与发展起着推动的作用。从本质上来说,翻译所起的一种作用是让人类的心灵进行沟通。翻译为克服因语言差异带来的交际障碍提供了新的解决路径。翻译是人类社会交流文明成果的重要手段,没有旨在沟通人类心灵的翻译活动,人类社会就不会像今天这样发达。

(三) 创造价值

从文化层面来看,译者在翻译的过程中所引进的异质因素都具有创新的作用;从社会层面来看,交流是创造的前提,任何社会活动都需要建立在一定的交流基础之上;从语言层面来看,为了能更好地引进新事物和新概念,译者在翻译时必须进行大胆的创造。

创造是继承与创新的过程,翻译能够在这一过程中给予原文新生命、新面貌,使其以新的形式呈现在读者面前。这种与"异"的交流、融合过程,是构成翻译创造功能的基础。

(四) 文化价值

由于翻译属于文化的一部分,因此翻译对于世界文明的发展具有十分重要的作用。季羡林在分析翻译的社会价值时就已经注意到了其文化价值,他认为无论是在一个国家还是一个民族内,只要语言文字存在差异,就有翻译存在的必要。翻译是因人类相互交流的需要而出现的,所以翻译可以被理解为一种人类的跨文化交际活动。[①] 依据这一定位,翻译在人类文化发展中的作用就变得非常明确了。

---

① 朱明炬:《季羡林的翻译观》,《长江大学学报(社会科学版)》2011年第4期,第56—57页。

季羡林将文化的发展分为诞生、成长、繁荣、衰竭和消逝等五个阶段。①

一个民族的文化是不断创造、不断积累的结果,而翻译就是促使这种结果产生的力量。一个民族有自己的文化传统,而不同时代会赋予传统以新的意义与内涵,语内翻译是对文化传统的一种丰富,是民族文化得以延续的一种保证。一个民族想要寻求发展,必须从封闭走向开放。无论自己多么辉煌和精彩,都需要与其他文化进行交流,在不断碰撞中逐渐达成相互理解和交融。从文化交流与建设这个维度上看,翻译与民族的交往共生,与文化的互动同在。

三、从英汉语言对比翻译视角分析翻译专业人才的综合素养

英汉语言对比作为翻译专业的一门课程,直接服务于翻译人才的培养。要学好翻译,就需要了解两种语言的内在规律,通晓它们之间的异同,从而深化两者之间的对比,更好地应用于翻译实践。需要翻译专业的学生具备以下知识结构和学识素养。

(一)应具备现代英语与汉语知识

这是由英汉语言对比课程的基本内容所决定的。现代英语和汉语知识在各自的领域内都是一个庞大的知识体系,学生需要掌握好两种语言的语音、词汇和语义系统,全面认识其句法结构和篇章结构,并关注其动态发展,细致地观察和分析各种语言现象,进而发展和强化自身的中西现代语言知识。

(二)应具备普通语言学的知识

普通语言学是研究语言的类型和分类,以及语言的本质、发展和起源的分支学科,也是对人类语言的看法和研究结果的理论概括。人类所有语言都是普通语言学研究的对象,主要内容包括语言的发展规律、结构特征和性质等。我们需要在具体语言事实和知识对比的基础上,从更高的理论高度去观察和分析某些语言现象,进而思考语言之间乃至文化之间的共性和特性,这就需要具备普通语言学的知识。

(三)应具备英汉历史与文化的有关知识

英汉对比的初级阶段只关注英汉语言结构知识及其实践的应用,对比研究必

---

① 吴光亭:《季羡林翻译思想初探》,《周口师范学院学报》2011年第6期,第60—65页。

然要从语言和文化根源上探讨两者之间的共性与特性，因此我们有必要拓宽对比的视角，从广义上认识英汉语言与文化的知识范畴，总结其内在的规律性变化，从而更好地把握两种语言的历史演变特征和发展趋势。

（四）应具有一定的理论意识与素养

英汉语言对比课程不仅帮助学生梳理总结英汉两种语言的语言结构知识，更能帮助他们归纳和总结两种语言的特点，并加以深刻地理解、分析和解释。理论意识和素养可以帮助他们从理论的高度、从语言与文化关联的角度分析具体的语言现象，在实践中验证理论，并熟练有效地指导英汉翻译等实际应用。

第二章 英汉语言的系统对比

英语和汉语分别作为最多国家使用的官方语言和世界上使用人数最多的语言，占据世界语言交流的重要地位。英汉语言对比研究一直是诸多学者关注的领域，自从有了语言研究，英汉语言对比研究就出现了。要进行英汉翻译，首先需要了解英汉语言之间的对比性特点。通过语言对比分析，可以更加深刻地认识中西语言异同，掌握两种语言的特点，减少翻译过程的盲目性。本章简述了英汉语言的系统对比，主要包括五个方面内容，分别是英汉语言的语音对比、英汉语言的词汇对比、英汉语言的修辞对比、英汉语言的句法对比、英汉语言的语篇对比。

第一节　英汉语言的语音对比

语言从形式上来说，分为口语和书面语。而口语就涉及语音的问题。虽然语音都有共同的物理属性和生理属性，但是英语和汉语属于不同的语系，在语音上的差异巨大。

一、英汉语音的结构对比

（一）英语语音结构

英语的语音结构由元音、辅音构成。

1. 元音

英语的元音系统比较简单，由12个单元音和8个双元音组成。

单元音为 [a:][ɔ:][ə:][i:][u:][ʌ][ɔ][ə][i][u][e][æ]，双元音为 [ai][ei][au][əu][ɔi][iə][ɛə][uə]。

元音音色的差异由口腔的形状和大小所决定，其中决定元音基本性质的是舌高、舌位和唇形。英语的元音都是舌面音。英语的元音区分比较细，分布在各个不同的高度和前、中、后不同的部位。但是，除3个央元音外，其他元音有向央元音靠拢的倾向，也就是说，前元音不太前，后元音不太后，高元音也并未高到极限位置，低元音离极限位置也还有一定距离。英语的前元音中没有圆唇音，而后元音多为圆唇音。英语的元音有紧松的对立，因而也有长短的区别，[i:]—[i]，[ə:]—[ə]，[u:]—[u]，[ɔ:]—[ɔ]，[a:]—[ʌ] 就是五对长短相对的单元音。

双元音各成分的音强、音长和清晰度不同，其中一个元音发得响亮、清晰，滑移段较长，其余的成分发音弱、短而含糊。英语的8个双元音都是二合元音，而且都是前响二合元音，只有 [iə] 和 [uə] 弱读音节中才可读为后响音。

2. 辅音

英语有28个辅音，辅音具有强与弱、清与浊的区别。其中，清辅音有11个，即 [p][t][k][f][s][θ][ʃ][tʃ][tr][ts][h]；浊辅音有17个，即 [b][d][g][v][z][ð][ʒ][dʒ][dr][dz][m][n][ŋ][r][l][w][j]。清阻塞音都是强音，浊阻塞音都是弱音。浊音性特征有时不起作用，因此强、弱特征是更稳定、更具有实质性的语音特征。

（二）汉语语音结构

汉语的语音结构由韵母、声母构成。一个字音开头的音叫声母，一般是辅音（零声母除外），声母后的部分叫韵母，一般由元音充当。

1. 韵母

韵母有 39 个，但在拼音教学中通常选择 24 个韵母进行教学，分单韵母、复韵母和鼻韵母，单韵母包括 a、o、e、i、u、ü，复韵母包括 ai、ei、ui、ao、ou、iu、ie、üe、er，鼻韵母包括 an、en、in、un、ün、ang、eng、ing、ong。

2. 声母

声母有 23 个，包括 21 个辅音声母和 2 个零声母，分别为 b、p、m、f、d、t、n、l、g、k、h、j、q、x、zh、ch、sh、r、z、c、s、y、w。其中，清音声母有 17 个，浊音声母有 4 个，分别是 m、n、l、r，y、w 是零声母。声母只能以送气与不送气为特征相互区别开来。

二、英汉轻重音对比

（一）英语的轻重音

英语被列为重音语言，轻重音在英语语音中发挥着最重要的作用。英语的重音不仅是语音结构的一部分，还能区分某些由相同音位构成的词语的意义与词性，而且还是语调和话语节奏结构的基础。

英语中的语法重音一般由词性决定，实词通常重读，虚词和功能词一般弱读。英语的轻音一是为了反衬重音，二是为了增加话语的流畅度，三是形成重音有规律交替的节奏。所以，英语中的轻音无关于语法。

（二）汉语的轻重音

汉语是典型的声调语言，轻重音在汉语语音中虽然没有在英语语音中那么重要，但是与语义、语法相联系。

语法重音一般由句子结构类型决定，带语法重音的成分，一般是语意较强的实词，在表达上，重音具有提示和突出某些语法成分的作用。

汉语的轻音与句法结构、语调相关。汉语的结构轻音在语音上依附于其前面的词、句子的最后一个重音节，在语法上依附于词、句子。

三、英汉押韵对比

（一）英语的押韵

英语押韵无平仄要求，只注重语句中的重音和弱音之间的变换。英语由字母构成，因此在押韵时，通常会将音节作为韵。另外，英语押韵比较灵活随性，不像汉语要"一韵到底"，英语可以在语句中适当切换韵脚。总体来讲，英语用韵并无太多要求。例如：

Twinkle, twinkle, little star!
Curious about you,
The cliff is in the air,
Like a little diamond.
And the bright sun disappears,
No longer lights anything,
Only your shimmer,
Blinking is all night.

上例选自著名的英语歌谣，*Twinkle Twinkle Little Star* 的迭唱朗朗上口，且例子中主要运用的是尾韵，给人留下了深刻的印象。

（二）汉语的押韵

汉语涉及四个声调之间的起伏变化，因此在押韵时对平仄的要求较多。由于汉语语言是由文字构成的，因此在押韵时也是将汉字作为韵。另外，汉语用韵比较讲究，在押韵时需要通盘考虑句子的结构和意义。例如：

天街小雨润如酥，草色遥看近却无。

最是一年春好处，绝胜烟柳满皇都。

（韩愈《初春小雨》）

在本例中，第二句诗的"近"与第四句诗的"满"对应上，体现了诗歌的"活韵"效果，这是这首诗歌最大的特点，让读者领略到了初春时节小雨连绵的精致景象。

第二节 英汉语言的词汇对比

词汇是语言的基本构成要素，英汉之间语言的差异明显反映在词汇中。"如果我们不能很好地学习和研究英汉两种语言在词汇上的差异，在具体学习翻译方法和技巧的时候就不能很透彻地理解诸如增词法、词类转译法等的具体理论基础，更不能随心所欲地驾驭两种语言，确保翻译译文的准确、流畅。"[①]

一、英汉词汇形式对比

（一）英语词汇样式

英语属于屈折语言，英语词汇通过词的屈折变化来表示词义或者语法功能的变化，因此英语构词倾向于派生构词法，以至于英语中很多的词都是在词根的基础上增加前缀或者后缀衍生出来的。

英语名词按照其可数性可以分为可数名词与不可数名词，不可以作谓语。英语句子必须有动词，动词是句子的核心，表达着不同的语法意义，因此动词会有人称、数、时态、语态、体态等变化。英语形容词作名词的定语修饰语，可以放在名词的前面或后面，并且不需要连接词。

英语中介词众多，几乎所有的介词都可以和其他词语进行搭配使用，因此英语中拥有大量的介词短语，形式一般是"介词+×"形式。另外，英语中有相当数量的动词短语，一般是双语素动词和三语素动词。

在词汇使用的倾向性方面，英语常常使用笼统的抽象名词，因此英语语言呈现一种"虚"的特点。

（二）汉语词汇样式

汉语是一种非屈折语言，汉语的词一般是由一个语素构成的，属于孤立性的语言，因此更倾向于复合构词法。汉语中词缀的数量很少，而且加缀情况也并不固定，因此词缀应用并不是很广泛。

汉语名词可以分为集体名词、抽象名词等，没有数的变化，可以充当谓语。汉语动词在汉语句子表达中占有重要地位，但动词不是汉语句子中必需的成分。汉语形容词作名词的定语只能位于名词前面，并且需要连接词，如"的"等。汉

[①] 张曼：《基于英汉语言词汇的对比研究》，《世纪桥》2013年第3期，第119—120页。

语词语一般有固定的格式，尤其是以三字格和四字格为主，如打水漂、励精图治、如影随形等。

与英语不同，汉语比较注重用具体的词语表达抽象的意义，因为抽象词语晦涩难懂，而具体的词语比较朴实、平易。

二、英汉词汇意义对比

英语词汇的意义对语境有很强的依赖性，同一个词汇在不同的语境中具有不同的意义，因此英语词汇的意义比较灵活。另外，有些词既可以指事物，也可以指代事物其中的一种；既可以代表抽象的事物，也可以代表具体的事物。

由于汉语的词是由单个语素构成的，因此汉语词义具有明显的语义繁衍能力。词汇的意义包括指称意义、联想意义和文化意义，在此对英汉词汇的这三种意义进行对比。

（一）指称意义对比

词汇的指称意义是词语在句子或文章中具体描述的对象或者在词典里约定俗成的定义。英汉词语的指称意义不尽相同，有些可以完全对应，有些部分对应，有些则完全不对应。

1. 完全对应

英汉词语的指称意义有些是完全对应的，尤其是有些专用词汇、技术用语或者自然现象等，如表2-1所示。

表2-1　英汉词语指称意义完全对应的情况示例

英	汉
earthquake	地震
radar	雷达
microbiology	微生物学
New York	纽约
breakfast	早餐

2. 部分对应

英汉词语的意义可能有多种，其中可能仅有一种或者若干种词义是对应的，而另外若干词义是不同的，如表2-2所示。

表2-2　英汉词语指称意义部分对应的情况示例

英语词义宽	汉语词义窄
marry	嫁、娶
uncle	叔叔、伯伯、姑父等
英语词义窄	汉语词义宽
borrow；lend	借
organization；texture	组织
work；job	工作

3. 完全不对应

有时候，有些英语词汇在汉语中没有等同的词汇，这就是完全不对应或者对应空缺，如表2-3所示。

表2-3　英汉词语指称意义完全不对应的情况示例

英语	汉语空缺
bikini	比基尼
chocolate	巧克力
salon	沙龙
Elizabeth	伊丽莎白
Trojan Horse	特洛伊木马
Whorf	沃尔夫
hamburger	汉堡包
汉语	英语空缺
气功	qigong
风水	feng shui
叩头	kowtow
孔子	Confucius
丢脸	to lose face

（二）联想意义对比

词汇的联想意义不是词汇固有的意义，而是一种附加在理性意义之上的意义，可以随着语境或者文化的变化而变化。联想意义主要包括内涵意义、文体意义、情感意义、反映意义和搭配意义。

1. 内涵意义

词汇的内涵意义是指人们在字面意义的基础上通过联想获得的引申意义。由于文化和语境的区别，英语词汇和汉语词汇有时候在指称意义上相同，但是在内涵意义上会有差异，如表2-4所示。

表2-4 英汉词语中指称意义和内涵意义不同的示例

词语	指称意义	汉语内涵意义	英语内涵意义
old	老	传统；守旧	成熟；经验丰富
young	年轻	无经验；无持久性	灵活；精力充沛
individualism	个人主义	以自我为中心的行为倾向	是西方的社会学说，主张个人价值和重要性

2. 文体意义

文体意义也称作"风格意义"。词汇的文体特征在语言的应用中有着特殊的意义，通常会反映出信息传递的整体文体特征或风格。很多词汇除了具有概念意义还具有文体特征，以适应各种不同的语境。可以应用于各种场合或者各种文体的词具有中性的文体意义，只适用特定的场合的词就有特定的文体意义。尤其是同义词，它们的文体意义往往有着很大的区别。在一些词典中，词汇的文体特征常被明确标记为"正式（formal）""非正式（informal）""文学（literary）""俚语（slang）""方言（dialect）"等。以方言为例，不同种类的社会方言都有明显的文体意义。人们出于方便，通常只是把其划分为正式、中性和非正式三类。例如，在charger, steed, horse, nag, plug这几个词中，人们通常把charger和steed标记为正式，horse被标记为普通或是中性，nag和plug被标为非正式。又以科技术语为例，科技术语往往具有国际通用性，其文体意义通常是中性和正式的，用在科技文章中是适当的，但是不适合日常生活，所以不用cerebral episode来代替stroke（中风），不用carcinogenic来代替cancer-causing（致癌的），不用palpate来代替feel（触摸）。

3. 情感意义

认知文体学家鲁文·楚尔（Reuven Tsur）指出，诗歌语篇不仅表达思想，传递意义，还让读者感知到某种情感品质。学界虽然对情感这一概念的理解有差别，但都认为情感会融入语言系统中。语言为人类情感的表达提供不可替代的途径，而情感表达的需要也促进语言表达途径的丰富。情感意义是指语言使用者表露在语言中的感情与态度。例如，take 作为动词，有 7 个主要义项，各义项之下还有若干彼此相关的延伸特征，主词义指"用手拿、得到"，随着人类认识活动的增加，其词义不断丰富，进而引申出其他一些词义，如"所有权的变更""经济利益的变化""竞技比赛"等，这些词义都伴有说话人的情感因素，或褒或贬，或积极或消极。

4. 反映意义

反映意义指听话人在听到一个词时所联想到的这个词的其他词义。例如：

（1）Several houses were demolished to make way for the new road.

（2）Her article brilliantly demolishes his argument.

在例（1）中，demolish 是指"拆毁，拆除"，取的是概念意义或具体意义，而在例（2）中，是指"推翻"，取的是反映意义或抽象意义，从"拆毁，拆除"到"推翻"就是联想的结果。

5. 搭配意义

英国语言学家弗斯（Firth）最早提出"搭配"这一概念，他认为搭配是彼此间有着"相互期待"的共现语言项的联系，是以语义为基础的。杰弗里·利奇（Geoffrey Leech）认为，搭配意义是由一个词语的各种联想意义通过搭配在语境中构成的，是同一语境下对可以出现的不同语言材料的联想。搭配意义属于每个词具有的特殊属性。词语的搭配大致可以分为以下三种情况。

第一，同一个词与不同的词搭配时，会产生不同的意义。例如，present 在 people present 中的意思是"到场的"，而在 present situation 中是指"当前的"。

第二，英语中的有些词汇虽然概念意义相近，但是和不同的词语搭配在一起，就会产生不同的意思。例如，当 dead 表达"很、非常"的意思时，只能与 beat、boring、good、sad 等词连用。

第三，同一个词和不同的介词搭配。例如，都表示"到达"的意思，但是 arrive at 后只能接小地点，而 arrive in 后需要接大地点。

可见，怎样的搭配就会产生怎样的语义。

（三）文化意义对比

词汇是语言的重要组成部分，对词汇的理解不能脱离其所属的文化和社会语境。文化之间互相尊重、共同发展，应该是不同文化相处的正确之道。例如：

（1）原文：孔雀（象征着吉祥、美好）

译文：peacock（带有炫耀、骄傲的意义）

（2）原文：五羊摩托车

译文：Five Rams Motorcycle

在上面两个例子中，显然汉语中的"孔雀"和英语"peacock"的内涵意义是不对等的。"五羊摩托车"的产地是广州，之所以这样命名，是因为广州市又称作"五羊城"，并且"五羊"本身还与一个美丽的传说有关。因为外国读者不了解这样一个文化语境，所以例中的译文必定会令外国读者费解。

第三节　英汉语言的修辞对比

英语和汉语语言在修辞结构方面"不仅能体现出语言文字的区别，又能同时展现出不同文化背景下的语言在审美内涵方面的取向"[①]。

一、相同的修辞格

（一）onomatopoeia 和拟声

英汉语言中的拟声几乎完全相同，都是对事物发出声响的模仿，从而使语言更加生动。例如：

Whee-ee-ee! 呜呜呜

Ta-ta-ta 嗒嗒嗒

（二）personification 和拟人

英汉语言中的拟人修辞格完全一样，即将非人事物用人来替代与描写，使得

---

① 节娟娟：《浅析英汉语言修辞对比》，《中国科教创新导刊》2014年第10期，第91，93页。

该事物具有人的属性。

The wind whistled through the trees. 风呼啸着穿过山林。

（三）hyperbole 和夸张

夸张是基于现实，对某些事物的特征进行艺术上的扩大或缩小，目的在于强调。例如：

Charlie was scared to death. 查理吓得要死。

（四）irony 和反语

英汉语言中的反语修辞具有相同的特点，即说反话，将意义从相反的层面来进行表达，往往包含讽刺的韵味，有时也是一种幽默，目的在于增强语言的力量。例如：

But my father were that good in his hat that he couldn't bear to be without us.
爸爸偏偏又是心肠那么好，没有了我们娘儿俩就活不了。

（五）antithesis 和对偶

所谓对偶，指的是字数、结构等密切相关或者呈现对比排列的词、句子等。就形式上说，对偶是一种节奏感非常强烈、音节整齐的形式。就内容来说，对偶具有较强的概括性。例如：

It is easy to be wise after the event, but much safer to take care before it happens.
事后聪明容易，事前小心安全。

二、部分类似的修辞格

英语中 simile 与汉语中的明喻基本相同，都代表的是主体与喻体之间的相似关系。但是，并不是所有的 simile 都能够与汉语明喻进行对应，有时候需要进行转换、借喻等，从而与汉语的表达习惯相符合。例如：

I wandered lonely as a cloud. 我如浮云独自漫游。（两者对应）

as drunk as a mouse 烂醉如泥（意译）

英语中的 metaphor 不仅有汉语隐喻的特点，还有借喻与拟物的特点。例如：

She is shedding crocodile tears. 她在掉鳄鱼眼泪。（汉语借喻）

由此可见，metaphor 与汉语中的比喻只有部分重合。

三、完全不同的修辞格

英语中的 alliteration（头韵）与 assonance（准押韵）在汉语中找不到对应，但是其与汉语双声、叠韵等有着相似的地方。显然，汉语双声、叠韵并不属于修辞格。

英语中的 oxymoron（矛盾）在汉语中也找不到对应，汉语中的反语修辞格也仅仅与之相似。

第四节　英汉语言的句法对比

一、英汉句子结构对比

英语和汉语属于不同的语系（前者属印欧语系，后者属汉藏语系），因而句子结构存在很大的差异。

（一）主谓关系

英语句子是语法结构，英语句子的概念是施事行为式的，可以看作主—谓—宾（S—V—O）三分结构。英语句子的主语是语法主语或者是施事或者是受事，句子的谓语是行为，主语要与谓语在人称和数方面保持一致。英语的主语种类是有限的。潘文国在《汉英语对比纲要》中把英语的主语按语义划分为四种：施事主语、受事主语、形式主语、主题主语。英语的主语大多数是无定的，也就是非限定性的，往往只是占据一个位置使句子完整。一般情况下，主谓一致主要遵循以下三个原则：语法一致原则、概念一致原则和相邻一致原则。

语法一致原则，即根据自身的语法形式（人称形式和数形式）来决定谓语动词的人称形式和数形式。例如：

I am/You are/He is/She is a Chinese citizen. we are/You are/They are Chinese citizens.

概念一致原则，即根据自身的数量概念来决定谓语动词的数形式。例如：

The beautiful exists in comparison with the ugly.（单数概念，单数动词）

Women are the fundamental driving force for social progress.（复数概念，复数动词）

相邻一致原则，即根据与谓语动词相邻的代词/名词的形式/概念决定谓语动词的形式。究其实质，相邻一致原则实际上是语法一致原则和概念一致原则的特殊运用。例如：

Either you or he is in the wrong.

Neither the mayor nor the police know how to help.

汉语句子是语义结构，汉语句子的概念基本上是话题评论式的，可以看成话题和说明（TC）二分结构。它先提出一个话题（topic），接着是评论（comment）或解说（explanation）。话题是语义的，和后面的评论不存在一致关系。话题是说话人想要说明的对象，是句子的主体，是全句起主导作用的成分，总是放在句子的开头处。评论部分是述说话题的成分，位于话题之后，对话题进行说明、解释。汉语话题的种类是无限的，任何词、词组和句子都可以是话题。汉语的话题是有限定的，是谈话双方都知道的，是说明的中心。例如：

北京是座古城。

（"北京"是话题，"古城"是说明）

场面令人难忘。

（"场面"是话题，"令人难忘"是说明）

开汽车没有方向盘不行。

（"开汽车"是话题，"没有方向盘不行"是对话题的说明）

（二）成分省略

英语句子中的主谓结构必须齐全，缺了主语或谓语就是病句。主语不可省略，主要原因在于其对谓语动词的人称形式和数形式起决定作用。当主语因修辞原因而移位时，在谓语动词的前面要使用形式主语来补足空位。例如：

It is never too late to learn.

但是，在祈使句及口语、私人信件、便条、日记等非正式文体中，如果主语非常清楚，也可以省略，谓语动词仍与之保持一致关系。例如：

Haven't the slightest idea.

汉语的话题和后面的评论不存在一致关系，主语的句法地位并不十分重要，因而省略的情况远比英语普遍。汉语造句重简洁，能省的决不重复。当然，汉语句子的省略也并非随心所欲，须以不影响语义表达为前提。一般来说，主语只有在以下两种情况中才能省略：一是没有实际的信息价值；二是众所周知，无须提及。例如：

（我）看一眼路旁的绿叶，再看一眼海，真的。（我）这才明白了什么叫作"春深似海"。

（他）走就走吧，随他的便。

（三）倒装

由上述可知，英语句子主谓之间的一致性就是通过谓语动词的语法形式体现出来的，谓语动词的语法形式是一条标记主谓一致性关系的鲜明纽带，只要找到这条纽带，就可以确定主语的位置。这种句法特点为英语句子中一定范围的主谓倒装创造了条件，使英语句子主谓间的句法性倒装和修辞性倒装非常普遍。例如：

There comes the bus.（句法性倒装）

Is the man still alive?（句法性倒装）

Up goes the curtain and in comes a small lady.（修辞性倒装）

Their cat understands more words than does a dog.（修辞性倒装）

汉语句子的话题和评论之间不存在一致性关系，因此没有这种鲜明的标记。当主语和谓语动词错位，两者之间的句法关系就可能被破坏，这就使得汉语句子的主谓倒装受到制约，汉语中的倒装现象远不及英语普遍。少量的倒装现象仅见于表存现的句法倒装句和表强调的修辞倒装句，以及诗词中受韵律限制使用的倒装。例如：

从树后走出一只熊来。（表存现的句法倒装）

真伟大啊，中国人民！（表强调的修辞倒装）

竹喧归浣女，莲动下渔舟。

（四）扩展机制

所谓的扩展机制是指随着思维的改变，句子基本结构也呈现线性延伸，因此又可以称之为"扩展延伸"。

1. 扩展机制的差异

如果从线性延伸的角度考虑，英汉采用不同的延伸方式，英语采用顺线性扩展延伸机制，而汉语采用逆线性扩展延伸机制。

顺线性扩展延伸，是从左到右的扩展，即 LR（L 代表 left，R 代表 right）扩展机制。英语句子的延伸，其句尾是开放性的。例如：

Steven has a dog.

Steven has a dog which looks like the cat.

Steven has a dog which looks like the cat that stayed on the tree.

逆线性扩展延伸，是从右到左的扩展，即 RL 扩展。汉语句子的延伸，其句首是开放的，句尾是收缩的。例如，以上三句话用汉语语序表达为：

斯蒂文有一条狗。

斯蒂文有一条长得像猫的狗。

斯蒂文有一条长得像待在那棵树上的猫的狗。

2. 扩展机制的结果

英汉句子扩展机制的差异还体现在末端分量的差异上。英语句子向右扩展，使得词、短语、从句都可以置于被修饰语之后，因此英语句子左短右长，句末的分量较重。例如：

Inscribed on the wall are the names of those who left their homes in the village to travel to the United States.

那些离开村子里的家，去美国旅行的人们的名字被刻在了墙上。

当主语属于较长的名词性从句、动名词、不定式等成分时，一般用 it 来替代，而把真正的主语移到句子后部。例如：

It is very easy for me to pass the wooden bridge.

对于我来说，通过那个独木桥是非常容易的。

汉语句子向左扩展，通常将修饰语放在名词前面，句首的分量较重。例如：

Anything that is recognizably Chinese will make good gifts to our foreign friends.

任何看上去是中国的东西都可作为好礼物送给外国朋友。

（五）被动语态

无论是在汉语中还是英语中，随着语言的发展，人们对事物描述的精确度的要求越来越高，主动句式已经不能满足人们多样化表达的需要，这时产生了被动句。被动句是在主动句的基础上产生的，是主动句发展变化的产物，也是人类思维发展的要求。

在英语中虽然主动句的使用频率要比被动句的使用频率高，但大多数的主动句都有对应的被动形式，所以英语中存在大量的被动句。汉语是一种孤立语，汉语词汇没有曲折变化，因此汉语中没有主动语态与被动语态，只有主动句和被动句，但并不是所有的主动句都能转换成被动句，也不是所有的被动句都能转换成主动句。因此，英语被动句的使用数量比现代汉语被动句的使用数量多得多，原因主要在于汉语被动句在结构上和语义倾向上受到一定的限制。

1. 被动标志

英语的被动语态往往依赖于动词形态的改变，也就是通过"be + P.P"展现出来的。但这并不意味着英语的被动句就一定要有标志，有些英语句子隐藏着被动意义。例如：

（1）They are praised by their mother.

他们被妈妈表扬了。

（2）The flower looks very beautiful.

这朵花看起来很漂亮。

在例（1）中，被动语态是通过"are praised by"表现出来的。然而，例（2）没有被动形式，而是用主动形式表示被动意义，不过这种情况非常少。英语的被动句产生后就成了被动意义的主要表达形式，被动句形式上的优势排挤了那些用主动形式表示被动意义的主动句。

现代汉语被动句的情况与英语完全不同。汉语被动语态的表达一部分依赖于被动句的标志性词语，如"被""让""叫""给"等字，一部分还依赖于句子的意义，两种被动句的数量都不占少数。例如：

（1）我被小王打了。

（2）那封信已经邮走了。

例（1）和例（2）都表示被动意义，但是例（1）有被动标志"被"，例（2）没有被动标志，是靠意义进行判断。显然，例（2）中的主语"信"是无生命的事物，不能作为动作的施动者，而只能是受动者，这个句子在形式上是主动的，但是仍然表达的是被动意义。汉语句子通常使用主动的表达形式，但是当不使用被动表达形式，读者会费解时，会使用被动句来表达。还有一种特殊情况，就是当说话的人要表达不愿意、不如意等消极语义时，也要采用被动的表达形式。例如：

我被小王打了。

本例采用被动表达形式，是因为"我"希望获得别人的同情和支持。

2. 主语地位

英语和汉语里的某些有标志的被动句可以互相转换，但有些有标志的英汉被动句却不可以转换，这是因为主语地位在英汉被动语态中存在差异。

英语主动语态与被动语态的转换如图2-1所示。

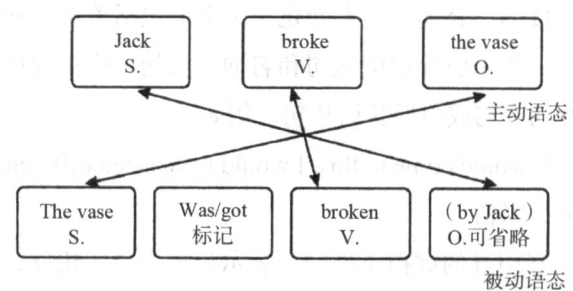

图2-1　英语主动语态与被动语态的转换

可见，英语被动句主要就是强调主语，英语被动语态中的宾语是可以省略的。

汉语主动语态和被动语态的转换如图2-2所示。

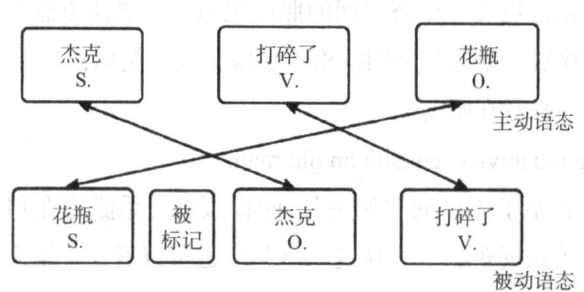

图2-2　英语主动语态和被动语态的转换

由上图可知，汉语被动句中主语地位没有英语被动句中主语地位那么重要。"被"字后面的人物处于重要地位。

二、英汉句子组织手段对比

形合（hypotaxis）和意合（parataxis）是王力先生在《中国语法理论》一书中提出的两个概念，是语言的两种基本组织手段。形合就是依仗形式（包括词的变化形态、词汇的衔接等）将个体的词组织成句子或语篇；意合则是依仗意义，即内在的逻辑关系，将个体的词组织成句子或语篇。

英语是综合—分析型语言，尽管它有相对固定的语序，并且还可以利用许多虚词来表达一定的语法关系，但它仍然受到语法形式的束缚，仍需运用形态变化来表达某些语法意义和语法关系。英语注重形合。因此，英语中有丰富的连接手段，如关系词、连接词、介词及形态变化。关系词包括关系代词、关系副词、连接代词和连接副词，用来引导定语从句和名词性从句。连接词包括并列连词和从属连词，可连接并列分句或引导状语从句。例如：

If I had known it would come to this, I would have acted differently.

早知今日，何必当初。

本例为连接词 if 引导的虚拟条件句，表示与过去事实相反，这是一个典型的重形合的英语句子，形合是明示。本例翻译成汉语后就省略了连接词，可见汉语重意合，意合是隐含。

汉语是典型的分析型语言，它主要通过固定的语序来表达语法关系，通过大量的虚词来表达语法意义。除人称代词等极少数语言项目以外，它没有严格意义上的语法形态变化，更没有形态之间的照应关系。汉语注重意合。汉语的意合通常通过语序、修辞格、紧缩句和四字格等手段实现。例如：

不听老人言，吃亏在眼前。

If you wish good advice, consult an old man.

本例的汉语省略了连接词"如果"，而将假设关系隐含在句中。译成英语时用连词 if 把假设关系展现出来，从这一例句中也可以看出英语重形合而汉语重意合的句子特点。

三、英汉句子语序对比

英语习惯将重要信息放在句首的位置，这就是所谓的"突显顺序"，表现为重心在前。汉语一般按照事件的自然顺序来安排句子的信息，所以汉语以自然时序为主，表现为重心在后。

有这样一个传说，晚清时期，湘军统帅曾国藩围剿太平军的时候，接连失败，甚至有一次大败后气得差点回杀。他向朝廷报告战事时说"屡战屡败"，翻译成英语即"He was repeatedly defeated though he fought over and over again."，但是他的军师劝他改为"屡败屡战"，即"He fought over and over again though he was repeatedly defeated."。

从字面看，这两句话中用了同样的词，只是更改了语序，但是含义却大相径庭。"屡战屡败"说明曾国藩一直失败，丧失信心，只能如实向朝廷奏报，甘愿领罚；而"屡败屡战"则说明曾国藩一心效忠朝廷，忠肝义胆，虽然遭受了多次失败，但是仍不气馁，应该受到朝廷的褒奖。显然，从汉语层面来说，前一句的重心在于"败"，后一句的中心在于"战"。而且，正是由于军师的巧妙更改，不仅保全了曾国藩的面子，也保住了他的官位。因此，在翻译成英语时，也需要注意重心的问题，即"屡战屡败"重心在于"he was defeated"，而"屡败屡战"的重心在于"he fought"。这个例子说明了英汉语言重心位置的不同。具体来说，英汉句子重心的差异主要体现在如下三点。

（一）原因与结果

在英语句子中，人们往往将结果视作句子的主要信息、主要部分，因此置于句首，然后再对原因进行分述，是一种前重后轻的思维方式。相比之下，在汉语句子中恰好相反，人们往往先陈述具体的原因，结尾部分才陈述结果，是一种前轻后重的思维方式。如同中国的戏剧，总是用最精彩的部分压轴，似乎在中国人看来，如果开头就说出或演出精彩的部分，那么就会锋芒毕露，压不住阵脚。

We work ourselves into ecstasy over the two superpowers' treaty limiting the number of antiballistic missile systems that they may retain and their agreement on limitations on strategic offensive weapons.

两个超级大国签署了限制它们可保留的反弹道导弹系统的数目的条约，并达成了限制进攻性战略武器的协议，因此我们感到欣喜若狂。

显然，原句中的"We work ourselves into ecstasy"是整个句子的结果，原因是"the two superpowers'..."在结构上，英语原文将结果置于句首，然后陈述原因。

而看汉语译文，将"我们感到欣喜若狂"这一结果置于最后，而前面是对原因的陈述。再如：

生活中既有悲剧，文学作品就可以写悲剧。

Tragedies can be written in literature since there is tragedy in life.

显然从汉语原句分析，前半句为因，后半句为果，我们不能将两个半句对调过来。而英语句子中要想将两个半句连接起来，必须借助于连词，因此 since 的出现就满足了这一效果，即将结果置于前端，然后用 since 引出原因。

（二）分析和结论

英语中常见复合句，在这些复合句中，往往将结论置于前面，分析置于后面，即先开门见山，陈述实质性的东西，然后逐条进行分析。在汉语中则非如此，往往先逐条分析，摆出事实依据，然后得出最终的结果，给人以"一锤定音"之感。例如：

（1）The solution to the problem of Southern Africa cannot remain forever hostage of the political maneuvers and tactical delays by South Africa nor to its transparent proposals aimed at procrastination and the postponement of the solution.

译文1：南部非洲问题的解决不能永远成为南非耍政治花招和策略上采取拖延手段的抵押品，也不能永远成为提出明显是在拖延问题解决的抵押品。

译文2：不管是南非耍政治花招与策略上采取拖延手段，还是提出明显是在拖延问题解决的建议，都不能永远地阻止南部非洲问题的解决。

（2）揭穿这种老八股、老教条的丑态，展示给人们看，号召人们反对老八股、老教条，这是五四运动时期的一个伟大功绩。

译文1：Its public exposure of ugliness of old stereotype and the old dogma and its call to the people to rise against them were a tremendous achievement of the May 4th Movement.

译文2：A tremendous achievement of the May 4th Movement was its public exposure of the ugliness of old stereotype and the old dogma and its call to the people to rise against them.

英语属于形合连接，因此在短语、句子中都会有连词来进行连接，句中存在明显的主从关系，也可以从一般句子结构中看出修饰关系。例（1）属于一个长句，其中"The solution to ... forever hostage"属于整个句子的主要成分，之后用介词"to"引出两个次要成分，对上面的主要成分进行解释，这样保证了整个结构的清晰。但是，如果按照英语句子模式翻译汉语，就会让目的语读者读起来拗口。显然译文1读起来就让人费解。原文的意思是，采取政治花招也好，采取拖延手段也好，都不能阻挡解决南部非洲问题。"The solution to ... forever hostage"表明了一种决心，一种愿景，因此汉语应该采用倒译法，译文2就是比较好的翻译。

另外，汉语属于意合连接，因此在短语、句子中往往可以不出现连接词。汉语中非常复杂的复句并不多见，往往以单句的形式呈现，句子间的关系通过逻辑可以判定。例如，在例（2）中，"揭穿这种老八股、老教条的丑态，展示给人们看"与"号召人们反对老八股、老教条"是两个并列成分，中间并没有采用连接词来连接，其意思与最后半句"一个伟大功绩"这一独立分句的意思等同。这在汉语中属于一种常见现象，先摆出具体的论据，最后得出结论。但是，如果这样翻译成英语就很难让读者理解了，译文1就显得头重脚轻，这在英语中是要避讳的。相比之下，译文2就显得更符合英语的语言习惯，是比较好的译文。

（三）前提和假设

在英语复合句中，假设置于前提之前，作为主句出现；在汉语复合句中，一般前提置于假设之前。例如：

（1）The United States could be effective in both the tasks outlined by the President—that is, of ending hostilities as well as of making a contribution to a permanent peace in the Middle East—if we conducted ourselves so that we could remain in permanent contact with all of these elements in the equation.

如果我们采取行动，便于能够继续与中东问题各方保持接触，那么我们美国就能有效地承担起总统提出的两项任务，即在中东结束敌对行动与为这一地区的永久和平作出贡献。

（2）The people of a small country can certainly defeat aggression by a big country, if only they dare to rise in struggle, dare to take up arms and grasp in their own hands the destiny of their own country.

小国人民敢于起来斗争，敢于拿起武器，掌握自己国家的命运，就一定能够战胜大国侵略。

在表达假设上，英语句子往往比较灵活，但是重心是不会发生改变的，始终置于主句之上。在例（1）中"The United States could be effective in both the tasks"是一个假设，充当了整个句子的主句，因此处于重心的地位，后面的是对这一假设的解析，属于条件句。因此，英语句子是前重心句子。相比之下，在表达假设上，汉语句子的语序往往比较固定，如例（1）中按照汉语句子的特点，译文先将条件列出来，再摆出假设条件；例（2）按照英文句子的特点，译文先将假设列出来，然后对前提条件进行列举。

第五节　英汉语言的语篇对比

篇章是指任何不完全受句子语法约束的在一定语境下表示完整语义的自然语言。篇章可以是书面的，也可以是口头的；可以较长，也可以很短。而介于句子和完整语篇之间的单位一般称为句段，它仅仅是篇章的局部。篇章可以包含句段，而句段却不能替代篇章。

篇章研究是对句子层面研究的深入和发展，是语言研究的一次革命，使语言研究与社会文化、认知心理、文体风格等相结合，走向横向发展和联合的宽广之路。篇章与句子之间的关系是辩证的，如果过分强调篇章整体，其分析有失空泛；如果将视点局限于句子，又犯了原子主义的错误，应该既看到树木所构成的森林，又看到构成森林的树木。

一、衔接

韩礼德和哈桑认为，语篇与非语篇的根本区别在于是否具有语篇性，而语篇性是由衔接关系形成的，因此衔接问题是篇章研究的重点。衔接是存在于篇章内部的，能使全文成为语篇的各种意义关系。

衔接主要分为显性衔接和隐性衔接。英语重形合，因此英语语篇的衔接手段主要是显性衔接，即通过语法、词汇和语义等形态标记使句子衔接成语篇。汉语重意合，因此汉语语篇的衔接手段主要是隐性衔接，即依靠逻辑关系构成语篇。由于两种语言之间的相互影响，汉语和英语的篇章组织既有显性衔接，也不乏隐性衔接。但是，总体来讲，英语语篇以形驭义，汉语语篇以意驭形。例如：

（1）I spent most of the day in a mental fog, wandering aimlessly through crowds of laughing, happy people. Then, late in the afternoon, my vision suddenly focused, and for the first time a scene registered.

（George H. Brooks: *A Gift of Dream*）

（2）This is the Resurrection time. That which was dead, or so it seemed, has come to life again the stiff branch, supple; the brown earth, green. This is the miracle: there is no death; there is in truth eternal life.

（James J. Kilpartrick: *Spring*）

（3）那两个人都板着脸一声不吭像是十分阴险。而且，车里的灯很暗，有一种我很陌生的杀气腾腾之感。

（4）我不明白为什么。我倒真是越来越依恋他。每逢他经过我们的村子，我都会送他好远。我站在土坎坎上，看着他的背影，渐渐地消逝在山坳坳里。

在上述例子中，例（1）中的"Then"和例（3）中的"而且"就是形合衔接的标记。同样，在汉语和英语中，意合的隐性方式也不少见，例（2）和例（4）没有使用任何关联词语，但通过语义逻辑关系表达了完整而连贯的意义。

二、语篇组织模式

英语语篇组织模式为亚里士多德的直线型，汉语的语篇组织模式是螺旋型。英语和汉语的语篇组织模式如图 2-3 所示。

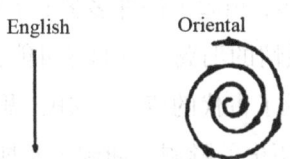

图 2-3　英语和汉语的语篇组织模式

（一）英语语篇组织模式

英语语篇组织模式为亚里士多德的直线型，以有秩序的顺序向前推进，先陈述中心意思，然后分点说明。许力生和李广才的语料统计显示，英语语料中的段落大部分是直线发展的，非直线发展的段落占据的比例很小，大概是15%。这些语篇中的段落大部分是采用直线型模式，采用非直线型模式的段落占比很小。例如：

The world is probably about evenly divided between delayers and do-it-nowers. There are those who prepare their income taxes in February, prepay mortgages and serve precisely planned dinners at an ungodly 6:30 p.m. The other half dine happily on leftovers at 9 or 10, misplace bills and file for an extension of the income tax deadline. They seldom pay credit-card bills until the apocalyptic voice of Diners threatens doom from Denver. They postpone, as Faustian encounters, visits to barbershop, dentist or doctor.

（Michael Demarest: *The Fine Art of Putting Things Off*）

（二）汉语语篇组织模式

汉语的语篇组织模式是螺旋型。螺旋型结构是汉语语段典型的逻辑序列，以一种循环往复的方式向前推进。这在"八股文"中体现得最为典型："破题"宣示主题的重要性，"承题""起讲""入手"从不同方面展开主题，"起股""中股"对主题进一步展开，"后股"和"束股"对主题反复论述。

值得注意的是，由于受印欧语的影响，现代汉语的篇章组织变得更为复杂，有的以直线模式为主，有的以螺旋模式为主，也有的是两种模式交叉进行，很难给出确定的结论。例如：

我在这个土坛上低徊漫步，想起了许许多多的事情。我们未必"前不见古人，后不见来者"，凭着思想和激情的羽翼，我们尽可能去会一会古人，见一见来者。我曾经上溯历史的河流，看见了古代的诗人、农民、思想家、志士，看他们的举动，听他们的声音，然后又穿过历史的隧洞，回到阳光灿烂的现实。啊，做一个历史悠久的民族的子孙是多么值得自豪的一回事！做今天的一个中国的儿女是多么值得快慰的一回事！回溯过去，瞻望未来，你会觉得很激动，很想深深呼吸一口新鲜的空气，想好好地学习和劳动，好好地安排在无穷的时间之中一个人仅有一次，而我们又恰恰生逢其时的宝贵的生命。啊,这座发人深思的社稷坛。

(秦牧《社稷坛抒情》)

在本例中,"啊,做一个历史悠久的民族的子孙是多么值得自豪的一回事"这一主题在语段的中间,前后的句子都为中间的主题服务,既不是螺旋型,也不是直线型,而是文中展开型模式。

第三章　英汉词汇比较翻译

词汇的重要性自不待言，是构成上一级语言单位——短语、搭配、词块、习语的基础。本章对英汉词汇比较翻译进行了阐述，主要包括三个方面的内容，分别是派生词比较翻译、转类词比较翻译、复合词比较翻译。

第一节 派生词比较翻译

"派生词是由词根（主要是自由词根）加派生词缀构成。词根是派生词的基础，同一词根加不同词缀可表示不同的意义或不同的词性。大多数前缀并不影响词根的词性，而仅对词根的意义加以修饰，表示否定、相反、贬低、向背、程度、时间、方位等意义。英语属于拼音文字且含有大量的派生词。"[①]英译汉时，处理英语派生词，往往化虚为实，转变为汉语的动词性表达或者具体的指称，而汉译英时，借助英语派生词，又可以化实为虚，体现英语重抽象的特点。以下笔者将从语义学的视角，重点从动宾、使役、比较、重复四个语义层面探讨英语派生词的语义功能。同时，进一步分析派生词如何与其他表达方式（如语法手段、单纯词、短语等）相辅相成，使英语的表达手段更为丰富和多样化。

一、派生词动宾关系比较翻译

许多由前缀构成的派生词常蕴含着一种动宾语义关系。这类派生词常常包含 un-、dis-、de- 等前缀，如 unmask（摘下面具）、unplug（拔去插头/塞子）、unseal（除去封条）、disown（否认同自己有关）、disfigure（毁损外形/容貌）、unpack（打开包裹）等。下面是 ECPCPS 中检索到的例句：

（1）Right now he wanted simply to bathe, unpack, eat dinner alone, and sleep.
这会儿他要先洗个澡，把行李打开，独自用晚餐，然后睡觉。

（2）He might try to discredit me if 1 get too close to the fact.
在我越来越接近挖出事实真相的当口，他想着用什么办法给我的信誉抹黑。

（3）Instead of criticizing those who perpetuated the myths, public rancor was directed at those who discredited them.
与其批评那些散布谣言的人，公众更倾向于对揭穿谣言的人表示愤怒。

（4）The Cleveland Plain Dealer stated, "What the nation demands is that treason, whether thinly veiled or quite unmasked, be stamped out."
《克利夫兰老实人报》评论道："国家迫切想根除叛国行为，不管这种行为是比较隐蔽还是明目张胆。"

（5）She acted like a sexually active male, but was unmasked by a pedophage, a

---

[①] 章振邦:《介绍〈新编英语语法教程〉第三版》,《外国语》1999 年第 6 期, 第 79 页。

child eater, who latched onto her mouth and mercilessly aborted her.

她的行为看来好像性冲动的雄鱼，可是她的假面具却被一只食幼类给识破了，那只专吃小鱼的丽鱼撞上她的嘴，无情地让她流产了。

（6）He walked around the apartment unplugging things.

他在房间里四处查看，拔掉不用的电器插头。

（7）In 1817, the court outlawed all weirs on the St. Jones River, demanding their immediate removal.

1817年，法院宣布所有在圣琼斯河中的渔堰都是违法的，要求立即清除。

二、派生词使役关系比较翻译

表达使役（因果）概念，英语中除了使用带有make、keep、enable等词的分析式短语外，更常用派生式综合手段，这类表达更为简洁干脆。相比之下，汉语则多用分析式手段，如"使……"。请看以下例句：

（1）The project went along swimmingly for two decades, until young Godel derailed it.

这项工程顺利地进行了20年，直到年轻的哥德尔使它搁浅了。

（2）Bangladesh believes that the continued expansion of Israeli settlements in the occupied territories and the construction of the separation wall threaten to derail the ongoing peace.

孟加拉国认为，以色列继续在被占领土扩建定居点和建造隔离墙，有可能使目前的和平谈判前功尽弃。

（3）It subjected the non-Christian as well as the Christian subjects of the empire to all those forms of secret-police terror which have disfigured our own century.

它对这个帝国的非基督教徒及基督教徒用尽种种秘密警察恐怖手段，而这种手段也使我们的当今世界蒙受耻辱。

（4）We recognize that ongoing serious global financial and economic challenges carry the possibility of undoing years of hard work and gains made in relation to the debt of developing countries.

我们认识到，当前全球面临严重的金融和经济挑战，有可能使发展中国家债务方面的多年辛勤工作和取得的成功前功尽弃。

（5）Insecurities and deprivations not only undo years of development but also generate conditions that may lead to growing tensions.

不安全和匮乏不仅会使多年的发展成果毁于一旦，而且还可能产生导致形势日益紧张的条件。

三、派生词比较关系比较翻译

一些特殊的派生词还可以用来表示"比较"。一般而言，用于比较时，我们常用 more...than, most, as...as 等句法手段，以及使用一些表示极性概念的单纯词，如 excel, exceed, top, transcend, above, beyond 等。除此之外，前缀是 out- 和 over- 的派生词也具有"比较"的意义，如 outperform, outrun, outweigh, outnumber, outgun, outwit, outtravel, outshine, overtake, oversleep, overshadow 等。例如，下面这个句子中就采用了派生词（outpace）、单纯词（exceed）、语法（more...than）三种比较手段。

Earnings of Asian-American households outpace the American average. Their spending exceeds all other groups. And they spend more of their money on groceries than the average American household.

亚裔美国家庭的收入已超过美国家庭的平均值，其消费也超出所有群体，在吃上的花费比一般美国家庭都多。

以下句子中的派生词均含有"比较"的含义，在很大程度上可以和语法手段或其他表示"比较"含义的词汇互换。

（1）The mammalian Y chromosome is thus likely to be engaged in a battle in which it is outgunned by its opponent.

因此，哺乳类的Y染色体很可能参与了某场战事，但寡不敌众。

（2）If the insect's fitness gets lowered as a result, insects with a better wing design may outcompete its offspring.

如果这种昆虫的适应性因此降低，那么拥有更好翼形设计的昆虫可能会胜过它的后代。

（3）The brain manages to outcompute the fastest computers.

大脑的计算能力超过了运算速度最快的计算机。

（4）My father could outdrink most men then, and he soon had Dodie back with her mother.

我父亲那时的酒量胜过大多数人，因此很快他就把多迪带回给她的母亲。

（5）At his peak, Le Petomane easily outearned the great actress Sarah Bernhardt, his closest contender.

在巅峰时期，勒·派多曼的收入远超过最接近他的对手——著名女演员莎拉·伯恩哈特。

（6）He is not thrown out, not outgamed, not outgunned; he simply chooses to bow out.

他没有被摔出场外，没有被以力战胜，也不是火力不敌，他只是自愿退场。

（7）The mammalian Y chromosome is thus likely to be engaged in a battle in which it is outgunned by its opponent.

这样，哺乳动物体内的 Y 染色体很可能参与的是一场被敌人在"枪支"上占了上风的战斗。

（8）Why Do Heavy Drinkers Outlive Nondrinkers?

为何酗酒者比不喝酒者长寿？

（9）Almost as many males as females emerge from the eggs, but by adulthood, males far outnumber females.

从鸟蛋里孵出的雄鸟和雌鸟数目大致相当，可成年的雄鸟在数量上远远超过雌鸟。

（10）Personal computers are as vital as blowdryers, but television and autos outrank both, according to The Invention Index.

个人电脑像电吹风机一样重要，但两者却位居电视机和汽车之后。这是由"发明指标"得出来的。

（11）A number of predators—wolves, pumas, and coyotes—prevented the deer from outrunning their food supply.

一定数量的食肉兽——狼、美洲豹和郊狼——限制着鹿的数量，使其不超过它们的食物供给量。

（12）Young chimp outscores college students in memory.

幼猩猩记忆力超过大学生。

（13）A few years later the English historian Herbert Butterfield famously judged that the Scientific Revolution outshines everything since the rise of Christianity and reduces the Renaissance and Reformation to the rank of mere episodes.

几年之后，英国历史学家赫伯特·巴特菲尔德有一段很有名的评论，说科学革命的"光芒掩盖了所有基督教崛起之后的成就，使得文艺复兴和宗教改革只不过是人类历史的插曲"。

（14）In the past 200 fossil-fueled years. the per capita growth of the gross world product (the total market value of goods and services) has far outstripped population increase.

在过去的使用矿物燃料的 200 年里，世界生产总值（商品和服务的总市值）的人均增幅远远超过人口增幅。

（15）While in theory many things may be possible using these techniques, for most people the risks will greatly outweigh the benefits.

理论上使用这种技术可以完成许多事，但对多数人而言，风险远超过好处。

（16）It illuminates the mysteries of medicine, such as how mindless bacteria can outwit the best minds in science.

进化解开医药之谜，例如无脑的细菌是如何智取最聪明的科学家的。

四、派生词重复关系比较翻译

在表达反复或重复性行为或动作时，英语的表达手段也很丰富，比如表示重复性的单纯词，如 hammer，drum，echo，rub，travel 等，还包括一些重复性的副词或短语，如 again，over and over again，keep on，等等。除此之外，我们还可以使用带有前缀 re- 的派生词。如下面的例子：

（1）Whole conceptions of modern warfare, the nature of international relations, the question of world order, the function of weaponry, had to be thought through again. （副词 again）

现代战争的整个计划、国际关系的本质、世界秩序的问题、军备的功能，统统需要重新思考。

（2）So he went back to his job as an examiner third class, but of course he kept thinking.（动词短语 kept thinking）

于是，他重新干起三级审查员的活儿。不过他当然没有停止思索。

（3） I went back to Clare after lunch to hammer out the final draft of my genetics manuscript.（单纯词 hammer）

于是在午饭后，我回到了克莱尔学院，又仔细推敲那份关于细菌遗传学的手稿。

（4） In computer science, Leslie Lamport has caused the designers of distributed computing systems, collections of computers connected by networks, to rethink their assumptions.（派生词 rethink）

在计算机科学中，莱斯利·兰波特也促使分布式计算机系统（即经由网络连接的大量计算机）的设计者们重新思考他们的假定。

第二节　转类词比较翻译

转类词最突出的应用表现为名词动用和形容词动用，在此主要以名词动用为例进行说明。名词转换为动词，不可避免地打上了隐喻的烙印。从可以转化成动词的语义来看，即把一种概念转换成一种行为时，我们倾向于使用与我们关系最为密切，或者最熟悉的人或物。事实上，与人类息息相关的动物、植物、人体及身份等都很容易被拿来用作动词。下面拟从四个方面举例加以说明。

一、植物类名词转类比较翻译

我们以植物为例，提取有关植物类的根、茎、叶等器官可以活用作动词的词语比较翻译，例如：

（1） The young plant is out there somewhere, having already flowered, waving slightly in the breeze, exuding its sweet scent.

某处，一棵幼株开花了，在风中轻摇，透出甜香。

（2） But animal precursors there must have been, since these traits flowered only recently on an evolutionary time scale.

不过这些（文明的标志）无疑在动物界早已萌芽，然后经过漫长的生命演化才开花结果，发展成熟。

比较以上两例，在第1个例子中，flower由名词转化为动词，意为"开花"，在第2个例子中，在"开花"本义的基础上，引申为"成长，发展"。除了flower一词外，许多和植物相关的词语都可以用作动词，见以下各例：

（1）As Darwin proposed, it has grown like a tree over time, as new species have branched off from old ones.

如达尔文所说，它的成长像一棵树，新物种如枝丫般不断从旧物种分支出来。

（2）Don't be afraid to branch out from your work or follow tangents suggested by your data.

不要害怕数据对你的工作提出的新问题或使你偏离原来的想法。

（3）Part of his mathematical success stemmed from his willingness to ask fundamental questions, to ponder critically things that others had taken for granted.

他乐于问最基本的问题，用怀疑的态度来思考别人想当然的一些事情。他在数学上的成功，部分地归功于他这种精神。

（4）So I passed it by at each reading, or leafed it through quickly, absorbing nothing, turning no corners.

所以，我每次阅读都掠过它，或一目十行翻一遍，什么也吸收不到，没有一页翻过角。

（5）It had not immediately erupted in epidemic form, but it had seeded itself.

它并没有立即以流行病的形式暴发，而是暗暗撒下病原的种子。

（6）The Greek enlightenment, similarly, sprouted from the astounding intellectual inventions of earlier peoples in lands such as Mesopotamia and Egypt.

同样，希腊的启蒙也是源自美索不达米亚、埃及等地早期居民令人叹为观止、充满智慧的发明。

（7）In succeeding years, West Europeans and then the Japanese followed until travel mushroomed to become the world's largest industry.

随后，先是西欧人，继而是日本人，都纷纷效法，旅游业逐渐蓬勃发展为全球最大的服务性行业。

二、动物类名词转类比较翻译

在英语中，大部分动物名词都很容易地转化成动词，表示类似动物一样的行为，既可以是及物动词，也可以是不及物动词。这类用法非常普遍，如表 3-1 所示。

表 3-1　英语动物类词语名词动用

英语	汉语	英语	汉语
beaver（away）	研究	crane	伸
cock	抬起，竖起	duck	蹲；左挡右闪；投机取巧
cock a snook at	不屑一顾	fox	迷惑
hound	骚扰，追捕	leapfrog	跳，超越
parrot	鹦鹉学舌	snake（up）	盘绕；弯曲；穿梭
squirrel	积攒，藏	dog	追寻
wolf（down）	吞，狼吞虎咽	badger	纠缠
ape	如法炮制	weasel	含糊其词

汉语中这种动物名词动用的实例很少，只有为数不多的几个词可以用作动词，如"猫""猴"等。翻译这类动物词时，往往采取"意译"或者借用汉语动物词的习语，或者含有以上词语的分析型的表达手段，具体见以下各例所示。

（1）She cocked her head, hopped, and then lunged forward to root at something in the soil.

她抬起头，双脚跃进，接着冲上前用嘴端在土里翻找。

（2）Only dandelions, along with a handful of other species cock a snook at sex.

只有蒲公英与少数种类植物才对性不屑一顾。

（3）Blackett had been beavering away—in complete secrecy—on the radar systems that would help give Britain a vital edge during the Battle of Britain.

布莱克特一直在那里努力地——完全保密地——研究雷达系统，这些系统将在不列颠之战中让英国获得至关重要的优势。

（4）When Tyndale tried to publish his translation, he was hounded and pursued all over Europe.

当廷代尔试图出版他的译作时，在整个欧洲他不断地受到骚扰和追捕。

（5）Equally predictably, Ross parrots all the New Age mystifications of quantum mechanics.

同样可以想象，罗斯谈论起量子力学时，鹦鹉学舌般地搬出所有新世纪的神秘鬼话。

（6）The couple's main goal is to squirrel away as much as possible before starting a family.

这对夫妇的主要目标是在有小孩之前尽量多地积一点钱财。

（7）Susie, Lisa, Wendy, and I each had a helping, but before we could get seconds, Akira had wolfed down all the rest.

苏茜、丽莎、温迪和我都各有一份，但是在我们盛第二份之前，明早已狼吞虎咽地吃光了所有的饭菜。

（8）Of course Rosy knew of Linus' success but saw no obvious reason to ape his mannerisms.

罗西当然知道莱纳斯的成功，但找不出充分的理由（在 DNA 结构上）去如法炮制。

（9）Dave and I perched on the back of a sofa and craned our necks to see the screen.

戴夫与我坐在一张沙发的背上，伸长了脖子看电视。

（10）As a child, l was trained to be on the alert for a bright flash—a sign of a nuclear bomb explosion and if I saw one, to duck and cover, under a desk or table if possible.

我那时还是孩子，随时警惕明亮的闪光——核爆炸的信号，如果看见，就赶紧在课桌或其他什么东西下面"蹲下，隐蔽"。

（11）Hannah Betts admits that her stance on fur foxes people, for her defence of the undeniably cruel fur industry includes numerous fanciful assertions.

汉娜·贝兹承认她在毛皮问题上的立场"令人不解"，毕竟她用来为残忍至极的毛皮业辩护的各种主张可谓离奇。

（12）Some of the roots snaked up, while others twisted around.

一些根向上盘绕，另一些则纠结缠绕。

（13）Augustine is frank about his ignorance of the divine and natural order and dogged in his pursuit of clarity.

奥古斯丁曾经轻视神圣与自然秩序，坚持不懈追寻神光，对此他坦承不讳。

（14）"Well," I said, "I've got four answers, and one of them weaseled."
我说："好，我得到了四个答案，其中一个含糊其词。"

三、器官类名词转类比较翻译

以人体器官词 head（头）为例来分析此类词的转类特征。就汉语的"头"而言，据《现代汉语词典》，可用作名词、形容词、量词，以及构词词缀，但不能用作动词。而据《新英汉词典》，head 作及物动词用的义项有 10 个，作不及物动词的义项有 4 个。请看以下义项及其例句：

（一）前进

（1）Are we heading towards a 3D screen future?
未来的银幕将是 3D 的天下吗？

（2）It also usually meant that, as I headed off somewhere or to meet someone, I was not outside time at all, I was simply behind it.
此外，这也就表示我前往某处，跟某人见面时，并未处于时间之外，反倒是被时间给抛在后头了。

（3）A powered hang glider that had been circling a mile away headed toward the missile launcher and landed.
1 架在 1 英里外盘旋的动力滑翔机向导弹发射架飞来，随即着陆。

（4）Her position is indicated by a red arrowhead in the northern Adriatic, heading for Muggia.
（船）的位置以红色箭头标示，出现在亚得里亚海北部，朝穆吉亚前进。

（5）The trains heading south arrive at Phil's station on the hour, and at 15, 30 and 45 minutes past.
南下的列车在整点和每小时的 15 分、30 分、45 分时抵达菲尔候车的车站。

（6）Nimoy nods sagely and intones to each one, "Well, it certainly looks like you're headed in the right direction."
尼莫伊会假装明白地点点头，然后每次都庄重地说："哦，看来你的研究方向肯定是对的。"

（二）发展

（1）As a consequence, the study reveals how the world's health has changed over two decades and provides a trajectory of where it may be headed.

因此，这项研究揭示了20年间全世界的健康状况是如何变化的，并展示了它可能的发展轨迹。

（2）The dog could suffer seizures or convulsions, blueish skin and a fast irregular heart rate as it heads down theobromine's lethal pathway.

狗中毒后会出现痉挛、抽搐、皮肤发青，以及心跳加速、心律不齐等症状，并行将死亡。

（三）负责、领衔

（1）He set about his work as if wanting to make up for lost time and soon headed the Chinese ballistic missile development programme and established the Institute of Mechanics in Beijing, working as its director.

他随即着手工作，似乎想弥补失去的时间，不久便出任中国弹道导弹研制项目负责人，在北京建立了力学研究所，并担任所长。

（2）Richard Graham, a psychiatrist specialising in adolescent patients, is heading up the UK's first dedicated technology-dcpendence clinic.

理查德·格拉翰是专门治疗青少年患者的精神科医生，目前正主管英国第一家专门的技术依赖诊所。

（3）The strategy worked miracles for McKinsey superstar Kenichi Ohmae, who long headed the company's Japanese operations.

这个策略为麦肯锡超级明星大前研一创造了一系列奇迹。他在很长一段时间内负责公司在日本的业务。

（四）阻止

To head off the next nuclear accident. we need to rethink the parameters of plant design.

为了防止下一次核事故，我们需要反思核电站设计中的各项参数。

(五)给……加标题(刊头)

The sheet was headed "Reminders."
纸条的标题是:"注意点。"

(六)出现在名单上

Many antivirus products, such as KV300 and Virus Scan, head up the list of proper precautions.

许多抗病毒产品,如 KV300 和 Virus Scan,提供了一系列适当的预防措施。

通过比较以上英语动词 head 及其汉语译文,我们发现,动词性的 head 具有很强的词汇化特征,表示的词义也较为丰富。此外,其主语也较灵活,除了人称主语外,还包括非人称主语,如 glider、train、health、products 等。除了 head 一词外,英语中表示人体器官部位的词都有该功能,即灵活地转换为动词,使表述生动形象,如表 3-2 所示。

表 3-2 英语人体器官词名词动用

英语	基本义	引申义
head	头,首	前进;发展;领衔;阻止;给……加标题;出现在名单上
hand	手	传递;上交
face	脸,面	面对
eye	眼	瞪
nose	鼻子	打探
mouth	嘴,口	照本宣科
thumb	大拇指	翻越
finger	手指	找出;碰;拿;监视
arm	胳膊	武装
back	背	支持;后退
shoulder	肩	肩负
breast	胸	搏击;胸前挂……;用胸部接触

续表

英语	基本义	引申义
gut	胆	屠宰
skin	皮肤	剥皮
lung	肺	扑；冲
foot	脚	丈量；盘点；行驶
toe	脚趾	服从
tiptoe	脚尖	蹑手蹑脚
stomach	胃；肚子；腹	容忍
jaw	下颌	训斥

相比之下，汉语中用来表示人体器官的词基本上用作名词类。此外，汉语人体器官词还可以与其他词搭配形成动词，与其对应的英语人体器官词搭配用法如表 3-3 所示。

表 3-3　英语人体器官词搭配用法

汉语人体器官词	汉语动词词语	英语
耳	耳闻	to hear（of）
	耳听	to hear
面	露面	to show up
手	手持	to bear
肩	肩负	to be responsible for, to do the work, to be in a position, to shoulder
怀	怀抱	to surround, to carry, to cling to
目	目睹，目视	to see, to watch, to detect, to witness, to notice, to look at
眼	眼观	to see
	眼见	to witness
拳	拳打	to punch, to crush, to beat
脚	脚踢	to kick

上表显示汉语人体器官词可以和其他词类搭配形成复合动词，其英语对应表达法多为一些普通动词，英汉非常不对应。不过，英译汉时，可以借用汉语人体器官词构成的词语或习语，会使译文读起来更加地道，请看以下例句：

（1）To do this requires a certain kind of genius, one that probes vertically and sees horizontally.

要做到这一点，需要一种天赋，而这天赋就是既能上知天文，下知地理，又能眼观六路，耳听八方。

（2）Horizontal vision allows someone to assimilate and weave together seemingly unconnected bits of information.

所谓在横向上"眼观六路，耳听八方"，就是能博采看起来似乎支离破碎的信息并且将它们组织在一起。

（3）Imagine having to worry about running leukocytes, keeping track, herding them here and there, listening for signals.

想一想，你得操心怎样管理白细胞，跟踪它们，竖起耳朵听着信号，一有情况就赶它们到这儿到那儿，那怎么得了！

（4）Between interrogations. always blindfolded and accompanied by slaps and punches when I refused to confess to being a Britishspy. I tried to find ways of amusing myself without books.

由于我否认自己是英国间谍，因而经常被蒙住眼睛遭受拳打脚踢的审讯。在这些审讯的间隔，在没有书的情况下我只能想些办法聊以自娱。

（5）The human species is likely to go the same way as many of the specics that we've seen disappear.

我们已目睹许多物种消失，人类很可能会走同样的路。

在（1）~（5）英语原文中，分别使用了"动词+副词"短语、"形容词+名词"短语、动词短语、名词短语、简单动词5种形式，都是以一种直接的方式说明问题的实质。反观汉语，"眼观""耳听""竖起耳朵听着"在一定的逻辑意义上存在一定的冗余，不过这恰恰是汉语弹性之使然，使表达更加连贯。

四、身份类名词转类比较翻译

除了上节提到的人体器官词的词类活用外，表示人本身的一些身份或职业词亦可以灵活地转换为动词。例如下面的例句：

"Remember," he kept saying, "we're not here to baby you."

"记住，"他总是这样说，"我们才不会把你当宝贝那样宠爱有加。"

上例中的"baby"本义为"婴儿"，同时还包含一个"评价性语义特征"，即"（一个）像婴儿一样的（人）"。基于此，baby可以顺理成章地从名词转化为动词，即"把……当作婴儿一样"。事实上，很多表示人的身份的名词都和baby一样含有"评价性语义特征"，因此较为容易地转化为动词，其中很大一部分为及物动词，再比如以下例句：

（1）Our paper was refereed by Erdos who accepted it.

我们的论文得到了审稿人埃尔德什的首肯。

（2）We have found vast volcanic eminences that dwarf the highest mountains on Earth.

我们发现了使地球上最高山峰相形见绌的庞大火山。

其次，还有一些名词可转化为不及物动词，例如下例中的"slave"一词：

Maybe the Daily Telegraph journalists, writing about dying pensioners. were so taken with the notion that Blair Government were beastly to old folk who had slaved for an honest crust, that they allowed this apparently satisfying notion to make mush of their numeracy.

也许，《每日电讯报》那个担心退休老人领不到退休金的记者，只是因为相信布莱尔政府会狠心剥削那些已经辛苦了大半辈子的长者，所以暂时失去了基本的运算能力。

再次，这类词转换为动词后，其行为既可以保留该词本身的面目，亦可以产生其他引申义，或词义扩大。比如"pilot"一词：

（1）Fortunately (for us), the Air Tractor 502 is notoriously difficult to fly, particularly when fully loaded, and piloting this plane is evenmore difficult if the plane is kept at low (radar-avoiding) altitude.

幸运的是（对我们），空中拖拉机502很难驾驭，满载时更难，而要将飞机保持在躲避雷达的低空，更是难上加难。

（2）I was still groggy from my overnight fight, and as I piloted my rental car onto the Ml, outside London, I had to keep reminding myself to drive on the left.

我把租车开上伦敦外围的 M1 公路时,由于前一晚搭乘夜班飞机,我的脑子仍感昏沉,我得不断提醒自己靠左侧开。

(3)"It is useful because laboratories pilot their UTC," Arias said.

阿里亚斯说:"这种方式很有用,因为是由实验室负责掌控自己的世界标准时间。"

以上 3 例中,动词 pilot 表示 3 种意义,分别为驾驶(飞机)、驾驶(车)、掌控。显而易见,名词活用作动词后不仅外延扩大,而且词义进一步引申,更多的例子如表 3-4 所示。

表 3-4 英语职业身份词名词动用

"身份"类名词	活用作动词	"身份"类名词	活用作动词
police	限制;执行	author	写作
apprentice	成为学徒	chauffeur	驱车;给……当司机
slave	(辛苦)劳动;耗尽心血;服苦役	pilot	驾驶(飞机、飞船、汽车);掌控
man	由人驾驶	butcher	屠宰;撕
nurse	护理;照顾	shepherd	牧(羊);捕获
mother	照顾	doctor	给……看病;修补;动手脚;伪造
father	创造	host	在……上做主人,为……担任主持人;召开
baby	宠爱;把……当娃娃	tailor	为……做衣服;量身定做;调节;专门
referee	调停	author	写作;是……的原作者,出自……笔下
boss	呼来喝去	monitor	监视;监控;监测
dwarf	使……相形见绌	coach	指导

第三节　复合词比较翻译

　　复合词是指包括至少两个词并按照一定的次序排列构成的新的语言结构。相对而言，英语的复合词在构词法中并不占重要地位。汉语作为一种语义型语言，以"双音词化"为特点，很容易将两个作为词素的字并列起来，而不受其形式的束缚。汉语词族的组成以义类相观照，是一个开放的群，反映了汉语的整体思维模式。与此相反，英语则是以派生词构成为主、以词干为中心的一个封闭的群，反映了英语的个体思维模式。"词语是翻译研究中的主要研究单位之一。复合词因其独特构词方式广受认知语言学家关注。"[1]

　　现代汉语中，双音节或多音节的词占绝对优势。根据构词成分之间的句法关系，复合词主要有五种类型：联合型、偏正型、补充型、动宾型、主谓型。请看下面的例句：

　　If not for the mysterious one and a half hour delay on the day that (the Nash prize) was announced, the academy might well have succeeded in protecting the secrecy of the process.

　　假如不是在宣布（纳什获奖）当天出现了神秘的长达一个半小时的延误，科学院原本完全能继续保守整个评选过程的秘密。

　　在上句的汉语译文中，属于联合式（或并列式）的有"假如""宣布""出现""神秘""延误""原本""完全""继续""评选""保守"等；偏正式包括"不是""过程""当天""长达""科学院"；动宾式包括"获奖"等。当然，由于汉语的语法以意合为基础，重心在意义的领悟上词类模糊性大，因此复合词的语义关系有时候难以判断。比如，"水"和"电"两个名物词放在一起可以是并列式结构，是因为在义类上"水"和"电"是并列的，在英语中为 electricity and water。同样，也可以是偏正式结构，是因为在义类上"水"用来修饰"电"，即靠水来发电，在英语中则为 hydroelectric。

　　通过比较英语原文和汉语译文，我们发现，对于汉语中的复合词，英语中大都用单纯词、派生词或转类词等来表示。以下将从形式、结构、语音三个层面揭示英汉复合词的异同点。

---

[1] 区沛仪：《守恒与嬗变：认知角度的英语复合词汉译研究》，《外文研究》2019年第1期，第86—93页。

一、复合词形式特征比较翻译

从复合词的形式上,英语有三种呈现形式:合二为一式(如 egghead)、符号连接式(如 double-check)、词语分离式(如 twin brother)。第三类和前两类的界限并不很严格,有时甚至可以经过词汇化而转变成前两类形式。汉语复合词包括双音节词及多音节词。

从构词特点来看,此类复合形容词可以分为以下三类:

(一)单词式

该类复合式形容词多为语义同类词的连接,且词类丰富,有时出现连接词:

(1) Maybe try to finally understand what is going on with the north-south-east-and-west bridge puzzle in the morning paper.

你或许终于可以试着了解晨报中那个东南西北造桥游戏要怎么玩了。

(2) Many places which formerly must have supported a large population, such as the monasteries in the cave-temple oasis of Tunhuang, or the long-buried city of Lou-Lan excavated by Stein have been overtaken by the desert and now contain few or no inhabitants.

在许多地方,从前一定有很多人口,例如敦煌的石窟寺庙绿洲,或者斯坦因发掘出的久经掩埋的楼兰古城,这些地方被沙漠侵袭,现在几乎没有居民。

(3) It's beggar-thy-neighbor to the extreme. except that all seven billion of us are neighbors.

这是以邻为壑的极端案例,只不过 70 亿人全是我们的邻居。

(4) Women with more hourglass waist-to-hip-to-breast ratios produce slightly higher levels of estrogen as a general rule.

腰臀胸部曲线玲珑、身材宛如沙漏的女性,通常分泌的雌激素量较高。

(二)短语式

这类复合词最为普遍,包括各种词性的短语,如名词性、形容词性、动词性等。见以下各例:

(1) A single fountain-of-youth elixir is highly unlikely.

不可能有一种仅仅使人青春永驻的不老药。

（2）Their goal is a block-by-city-block guide to this ghost forest, the one Eric Sanderson uncannily seems to see even while dodging Fifth Avenue buses.

他们想要绘制出的是通往这片幽灵森林的详细地图，埃里克·桑德森似乎一直都在看这个，哪怕是躲避第五大道上的汽车时也在看。

（3）It was from Kuiper that I first got a feeling for what is called a back-of-the-envelope calculation.

在跟柯伊伯学习时，我第一次知道了什么叫作信封背面的计算。

（4）Most small nests of sporadic tumors will continue to elude the nets cast by those using state-of-the-art detection techniques.

即使采用最先进的筛查技术，绝大多数的小型散发性肿瘤还是会成为漏网之鱼。

（5）By comparison, Marc's wife, Janet, like him, presents a homely country-home-with-a-rose-garden type of appearance.

相较之下，马克和他的妻子珍娜散发出拥有乡村别墅加玫瑰花园的那种朴实气息。

（6）As recently as 1994, Kjell-Olof Feldt, the former minister of finance and soon-to-be chairman of the board of the bank of Sweden.

最近的一个例子是在1994年，瑞典前财政部部长、即将就任瑞典银行董事会主席的谢尔-奥洛夫·费尔特。

（7）You purchase an option to buy stock at an agreed-upon price before some fixed later date.

认股权是这样运作的，在某个固定的未来日期前，你以约定的价格购买股票的权证。

（8）A voice came over the intercom: would the passengers of Flight 3935, scheduled to depart Washington, D.C., for Charleston，South Carolina, kindly collect their carry-on luggage and get off the plane.

广播系统传出声音："原定从华盛顿特区起飞，前往南卡罗来纳州查尔斯顿3935班机上的乘客，请您收拾随身行李，依序下机。"

（9）So I kept asking my usual dumb-sounding questions.

所以我和以前一样问了许多傻乎乎的问题。

(10) The straight-from-the-heart talk with friends about sadness, pleasure, and attachment suggests a wider range of emotional experiences.

和朋友们推心置腹地谈论伤心，快乐和依恋，露出了他的一系列更加广泛的情感体验。

(11) Hisako Uchida sits on a stool in a six-foot-by-sir-foot stall in the Radio Center a 40-year-old three-story building wedged under the elevated train tracks.

内田久子坐在"无线电中心"（挤在高架铁路下的一座具有40年历史的三层建筑物）的一个6英尺见方的货摊内的凳子上。

(12) When applied to the leaves of the tobacco plant, these taker-apart-and-put-together-again virus particles caused the mosaic disease in the plant, as if they had never been taken apart.

把它们施在烟草植株上，这些分而复合的病毒就会造成花叶病，好像它们压根儿就没有被分开过似的。

（三）小句式

此类结构往往是用连字符把一些小句，变成可以作为定语的复合形容词。可以是一个仅包括两个单词的短句，也可能是一个非谓语结构甚至是完整的句子，见以下各例：

(1) Be sure to write a thank-you note and acknowledge any contribution to your project.

不过，你一定要写信感谢所有对你的项目提供过帮助的人。

(2) However, as we have learned more about animal behavior, we have come to realize that this sex-to-promote-family-values theory leaves many questions unanswered.

然而，由于我们对动物行为了解得越来越多，我们意识到这种性爱巩固家庭的理论仍然有很多问题无法解释。

(3) In areas of Antarctica where virtually nothing else will grow, you can find vast expanses of lichen—four hundred types of them—adhering devotedly to every wind-whipped rock.

在南极洲除了地衣之外，你看不到任何其他植物生长，只有大片大片的地衣（它们有400种）坚韧不拔地黏附在每一块经年被风施虐的岩石上。

（4）With the help of many assistants, a lesser-known Chinese official named Wan Hu assembled a rocket-powered flying chair.

有一个不太出名的中国官员叫万户，他在许多仆人的帮助下组装了一把以火箭为动力的飞行椅。

（5）If the carcinogen-equals-mutagen theory was correct, then cancer cells must carry DNA molecules having altered sequences of bases.

如果致癌物质等同诱变因素的理论成立，那么癌细胞中必定含有碱基序列改变了的 DNA 分子。

（6）Open-ended "we-fund-people-not-projects" grants allowed controversial ideas like LISP, the Connection Machine, Smalltalk, and randomized algorithms the time to bear fruit.

"我们资助人而不是项目"这种灵活的资助使得像 LISP、连接机、Smalltalk 和随机化算法这些有争议的想法有了实现的机会。

（7）Most likely, both the gossip theory and the there-is-a-lion-near-the-river theory are valid.

最有可能的情况是，无论是"八卦"理论或是"河边有只狮子"的理论，都有大部分属于事实。

一般来说，英语定语从句需要后置，放在被修饰语之后。因为英语修饰语是"开放性"的，而不是"封闭性"的，即先提供被修饰语信息，然后再提供修饰语，对被修饰语进行修饰。相比较而言，汉语定语结构是遵循逻辑语序的，即定语结构通常放在被修饰语前面。现代英语句子中复杂的复合形容词作前置定语使这种前置定语结构成为可能，而且符合逻辑思维的自然顺序，使英语语法得到了简化，也进一步完善。

二、复合词结构特征比较翻译

（一）并列式复合词

一般说来，并列式复合词构成成分词类一致，词义相近或相反。中文是一种严格的单音节语言，两个同义字连在一起，成为同源异体重叠词，如"看见""感谢"等，以免发生同音异义的误解。而并列式在英语中是没有的。其原因之一是，英语两个并列的词往往需要一定的连词（如 and，or 等）进行连接，如 life-and-death，foot-and-mouth，look-and-see，rock-n-roll 等。根据潘文国（同上）的统计，仅仅计算 bitter-sweet，dead-alive 之类的并列复合词不足 20 个，如表 3-5 所示，为不含任何连接词的并列式英语复合词。

表 3-5 二联式英语并列复合词

英语	汉语	英语	汉语
bitter-sweet	喜忧参半	deaf-mute	聋哑人
dead-alive	没精打采的，不景气的；枯木死灰	riff-raff	无聊人士
drip-drop	不断地滴．滴滴答答	zig-zag	曲曲折折
body-mind	身心	tic-tac-toe	九宫格
mind-body	身体与心智；身心	dilly-dally	（吊儿郎当地）闲混，磨蹭，犹豫
up-down	上下	double-dealer	两面派
on-off	断断续续	walkie-lookie	无线对讲机；步话机
willy-nilly	不管愿不愿意	see-saw	拉锯

汉语中没有形式的羁绊，两个或多个汉字组合起来比较方便。而汉语伸缩性较大，可拉长为"生与死"，亦可缩短为"生死"一词，见以下两例所示：

（1）We have to make life-and-death decisions based on what numbers tell us.

在做生死攸关的决定时，我们的最后决定必须基于数字作出决定。

（2）With a life-and-death need not just to find new technological means of suppressing this plant or that animal; instead we need the basic knowledge of animal populations and their relations to their surroundings.

为了生和死，不仅仅需要寻找镇压这种植物或那种动物的技术方法；取而代之的是，我们需要关于动物繁殖和它们与其周围环境关系的基本知识。

从语义层面，汉语的并列结构可分为 4 类：（1）两端对举。该类并列式复合词的构词成分语义呈"正反"关系，也有学者称之为正反两面词。（2）两类概括。该类并列式复合词的构词成分语义呈"互补"关系，常常是某一事物、行为、现象的两个方面，两个字融合在一起，代表一个整体。（3）同义互注。该类并列复合词词义相近,整体词义不变。(4)偏义复词。该类并列式复合词区别于"两端对举"式的一点是整个词的词义更接近其中一个词。如表3-6所示。

表3-6 汉语并列复合词

	汉语	英语译文
两端对举	开关	switch
	阴阳	yin-yang, yin and yang
	阴差阳错	by chance, circumstances
	出纳	teller
	来往	communication, correspondence, comings and goings, mingle
	是非	gossip
	说长道短	gossip
	家长里短	trivia
	因果	cause and effect, causal, consequence
	前因后果	result
	东奔西走	travel
	祸福	blessing and curse
	胜负输赢	match
两类概括	裁缝	tailor
	聪明	smart
	规矩	rule
	儿女	cubs, children
	父母	parents
	前后	around
	中规中矩	prude
	循规蹈矩	prim, conformist
	尺寸	size
	纵横	coast-to-coast
	方圆	area

续表

	汉语	英语译文
同义互注	学习	learn
	坚固	solid, tough, sturdy
	保管	keep, custodianship
	蜷缩	huddle
	栖息	retreat
	繁多	miscellaneous
	奔走	run, travel, move
	生长	grow
	弯曲	curve
	睡眠	sleep
	延伸	extend
	混沌	chaos, chaotic
偏义复词	长短	length, duration, gossip
	大小	area, square, volume
	轻重	weight
	动静	stir, hubbub
	大小	size
	是非	gossip
	宽窄	width
	买卖	business, give and take, transaction, trading, sales
	轻重缓急	priority
	呼吸	breathe

"正反映衬"（反合）和"两极平衡"不仅可以产生文字上的均衡美，更重要的是音韵上的抑扬感。因为大多数对立词或并举结构都有"平仄"或"仄平"的节奏谐协性。

汉语构词以复合为主，如"宽窄、长短"并非简单相加，而是"互文统合"。

英语构词以派生为主，如 wide → width，long → length，只需两个语来简单相加。英语 width 和 longth 词根和词缀界限分明，主从不容混淆，而汉语"宽窄"和"长短"主从界限不明，两个成分基本对等。汉语这种"互文统合"的构词特点也放大到短语，句子甚至语篇。

（二）偏正式复合词

另一类复合词统称为偏正式复合词。在英语中，表现为两类：第一类构词成分的词类之间不存在对等关系，如名词+形容词（如 snow-white 等），形容词+名词-ed（如 ill-intentioned，open-ended 等）；第二类构词成分的词类一致（如名词+名词），然而从语义上看不存在相似或相对关系，而是一种限定或修饰关系。由于构词成分之间没有连字符，呈分离状，很多学者认为很难判断是复合名词，还是名词短语，例如 hydrogen bomb（氢弹）、toy factory（玩具工厂）、oak tree（橡树）、dance hall（舞厅）、safety belt（安全带）等。

在汉语中，制约式复合词主要体现在前后两个词的逻辑关系，主要包括主谓式、动宾式、偏正式、动补式等。

从语序的视角看，语序在汉语中尤为重要。而英语作为一种重形式的语言，语序常常脱离语义的限制，表现出更强的独立性，次序灵活性较高，如谓主、宾动、正偏、动补、宾介等为逆序式。

特别值得一提的是，英语补动式或动补式复合词往往是动词短语（动词+小品词）词汇化的结果，有些发展成了动补式复合词，有些发展成为补动式，还有一些两类皆可，不过词义可能会不同，如图 3-1 所示。

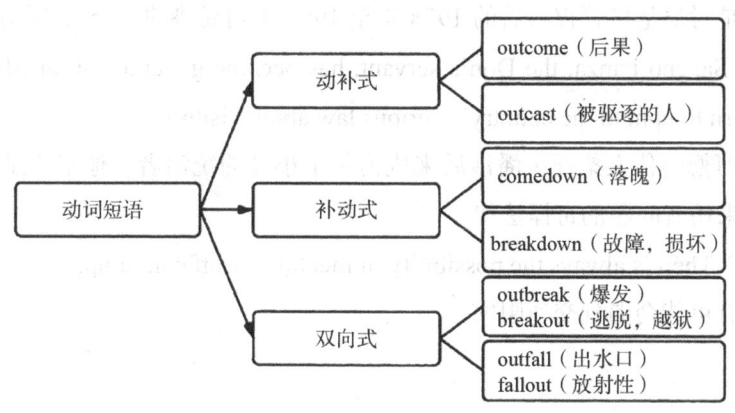

图 3-1　动词短语词汇化演变

相关英语例子及其译文，如下所示。

（1）The outlay for insecticides in Nova Scotia apple orchards is only from 10 to 20 percent of the amount spent in most other apple-growing areas.

在新斯科舍省苹果园中，用于杀虫剂的经费只相当于其他大多数苹果种植区经费总数的10%～20%。

（2）He realized that the exact layout of the islands and bridges is irrelevant.

他意识到小岛和桥的精确陈列是无关紧要的。

（3）At least I wasn't so upset that I quit mathematics.

至少我还没有被吓得放弃数学。

（4）But the setup doesn't look that safe.

但整个结构并不是那么安全。

（5）Each valve has three connections: the input, the out put, and the control.

每个活门都有三个端口：输入端、输出端和控制端。

（6）Our team leads the league in putouts.

我们队在联赛中保有最佳杀出局纪录。

（7）In 1997, trendy futurist Faith Popcorn predicted virtual reality would overtake TV in American homes by 2010.

1997年，费丝·波普康这位引领风骚的未来学家预测，到2010年，虚拟现实在美国家庭中将取代电视。

（8）Below there follows a brief description of the situation as it was in 1978—1980, after Nikkie's power take-over.

下面是对尼基接管权力后的1978年至1980年间局势的一个简要描述。

（9）Sancho Panza, the Don's servant, has become governor of an island where he has sworn to uphold the country's curious law about visitors.

堂吉诃德的仆人桑丘·潘沙后来成为一个小岛的统治者。他坚决维护这个小岛上有关来访者问题的奇怪法律。

（10）There's always the possibility of meeting a traffic hold-up.

总是有可能会遇到交通阻塞。

（三）叠音式复合词

就修辞学而言，叠音词或重叠法是指同一个字的重复叠用。汉语叠音词是汉语构词法的重要特征，它体现了汉语单音字文字特征赋予汉语言的独特的构词手段，而英语中叠音词数量极少。汉语重"叠音"具有历史渊源，例如：

关关雎鸠，在河之洲。（《关雎》）

昔我往矣，杨柳依依。今我来思，雨雪霏霏。行道迟迟，载渴载饥。（《采薇》）

再比如李清照的词：

寻寻觅觅，冷冷清清，凄凄惨惨戚戚。（《声声慢·寻寻觅觅》）

汉语作为一种声调语言，无论是语言内容还是语言形式都讲究美感，强调意蕴。汉语中叠词是一种独具特色的语言现象，是体现语言音美、形美、意美的典型手法，有着很强的表现力和感染力。

英语中，这类重叠式构词极少见。除了强调用法外，其中一部分多为拟声词，还有一部分为临时造词。整体上，英语叠词主要分为以下4类。

1. 强调式

（1）In the boom-boom economy of the sixties, this was an appealing feature.

在60年代经济繁荣时期，这是一个很有吸引力的特性。

（2）Gardner told us that they used the "bye-bye" signal before they separated.

加德纳告诉我们，在分别之前，他们会使用"拜拜"这一手势。

（3）But the solution is for overly eager endurance runners and hikers to forget the old mantra that they should drink-drink-drink.

但是要解决这一问题，所有热心的跑步者和跋涉者都应该忘掉他们必须喝水、喝水、喝水的老咒语。

2. 修辞式

另外，还有一类是非完全重叠（如crisscross，flipflop，dilly-dally等），往往是起一种修饰作用，请看以下例句：

（1）Currents swirl apart and join again as the genes crisscross down the river of time.

基因纵横交错，沿时间之河而下，水流打着漩涡时分时合。

（2）Thus, both pairs could be flipflopped over and still have their glycosidic bonds facing in the same direction.

这样，两个碱基对都可以转到相反方向，而它们的糖苷键却仍然保持着同样的方向。

（3）There's no need to dilly-dally around at low altitude.

（飞机）没有必要在低空徘徊磨蹭。

3. 固定式

One usually says that there is a fifty-fifty chance for heads or tails.

我们把这种出现正面和反面的可能性称为一半对一半的机会。

4. 拟声词

Then the delicious still of the indigo evening mingled only with the occasional soothing clip-clop of passing horses and broughams.

偶尔会有拉篷车的马蹄声打破美好的靛蓝色的寂静。

上例中的 clip-clop 在很大程度上为拟声词。在某种程度上，汉语这种靠音节和节奏形式来组织语言看上去并不是严格遵守逻辑顺序。除了 AA 式外，ABB 在汉语中也很常见，如表 3-7 所示。

表 3-7 汉语 ABB 式叠音词

雄赳赳	virile
气昂昂	core strength, proudly, with all the dignity, in long strides, to stalk magnificently
绿油油	shiny, a succulent green, the glossy green
亮晶晶	shiny, luminous, to shine, mirrored, twinkling, sparkling
孤零零	to be alone, to be left alone, single, lonely
静悄悄	Quietly, stealthily

第四章　英汉语法比较翻译

本章对英汉语法比较翻译进行了论述，主要包括四个方面内容，分别是刚性和柔性比较翻译、显性和隐性比较翻译、静态和动态比较翻译、主语和主题比较翻译。

第一节 刚性和柔性比较翻译

"西洋语法是硬的,没有弹性的;中国语法是软的,富于弹性的。"[①] 汉语组词造句具有极大的灵活性,语句的定型化和固定性程度低,组织词语时的选择性、任意性、不定性与斟酌性乃至个人间用语上的差异性偏大。"以柔克刚"的观念既体现在哲学观上,亦体现在汉语语言的使用中。

一、英语刚性比较翻译

(一)虚词使用

在某种程度上,英语虚词具有与其形态结构同样的功能。下面重点讨论形式词 it,引导词 there 及连接词。

1. 形式词 it

英语虚词的强制性表现在诸多方面。首先,表现在代词的使用上,如形式主语 it 和引导词 there。英语作为重主语的语言,其句子甚至没有意义,也要用 it 之类的形式主语来满足主语必须出现的要求,搭建一个完整的主谓结构。例如:

Alternatively, it can be used inclusively, as in "It will rain or snow."

除此之外,它也可以是兼容的,比如说"等一下会下雨或下雪"。同样的意思换成汉语来表达,则无需主语,有时汉语句子的主语也很难辨别。相比较而言,英语句子却不得不使用 it 这个形式主语,或选择一个词作主语,例如:

(1) It had not rained on Mars for eons.

千万年以来,火星上没有下过雨。

(2) Mud rained down from the dark sky.

阴暗的天空降下泥雨。

(3) We cannot tell whether it will snow next Christmas Day.

我们不知道下一个圣诞日是否会下雪。

汉语可以用"雨""雪"作主语,用"下"这一意义含混的动词作谓语,可以说成,"那雪正下得紧"(It was snowing very hard)。显然,英语又使用了 it 这

[①] 秦晓梅:《从刚性与柔性角度解析英汉翻译》,《兰州教育学院学报》2012年第8期,第132—133页。

个形式主语。当然，用 snow、rain、thunder 等自然现象名词作主语的例子在英语中比比皆是，一方面含有拟人的色彩，另一方面也体现了英语无灵主语或非人称主语特点。值得一提的是，其后续动词常常形象生动，例如：

（1）Rain and snow blow in.

雨水和雪花趁机进入。

（2）Rain, wind, and snow set to work.

风霜雨雪都来侵袭。

（3）Snowdrifts several feet high soon closed all the nearby roads.

雪花堆了好几英尺深，邻近道路很快全都封闭。

除了表示"自然现象"外，it 还广泛用作其他填补词。

第一，先行词。先行词 it 可以代替真正的主语、宾语、从句、不定式短语、动名词等，如以下例句：

（1）But it seems likely that these monkeys, and other non-human primates, can count.（代从句）

但是，这些猴子和其他灵长目动物能够数数是可能的。

（2）It is impossible to reverse knowledge, but it is society's prerogative to state which pieces of knowledge should remain unused—"can do" never implies "must do".（代不定式）

知识的进化是不可逆的，但是社会有权指出哪种知识暂不当利用。"可利用"绝不意味着"必须利用"。

（3）But it was a relief to have confirmation that an important assumption about the property of gravity rested on a firm foundation.（代不定式）

值得宽慰的是，关于引力性质的重要假说终于有了可靠的基础，并得到了证实。

（4）The Arab names for Chinese ports had such wide currency in medieval times that it is worth examining them for a moment.（代动名词）

中国港口的阿拉伯名称在中古时期流行颇广，值得我们稍作考查。

（5）It is worth recalling that the phenomena of sea-tides were carefully studied in China earlier than in Europe.（代动名词）

有必要再次指出，中国认真研究海潮现象的时间比欧洲要早。

从句子平衡的角度考虑，基于英语注重尾重的特点，往往把复杂的结构放在后面，这个时候就需要 it 来作形式主语，来满足形式上主谓完整的要求。It 也用来强调句子的成分，也是一种形式主语，如以下例句：

（1）It is in the hour of trial that a man finds his true profession.

人总是在面临考验的关头，才发现自己的专长。

（2）It is only in the last decade that the scientists have started to investigate the relevance of the VNO to humans.

科学家直到最近 10 年才开始研究 VNO 与人类的关系。

（3）It is science and technology that drive truly disruptive innovation, not design's focus on the needs and wants of people.

推动真正的颠覆性创新的是科学和技术，而不是聚焦于满足人们需求的设计。

（4）It is this very dynamism that makes modern societies sustainable.

正是这种活力使现代社会具有可持续性。

除此之外，it 还可以充当形式宾语，一般出现在宾补结构中，尤其是宾语的长度和复杂度超过补语的情况。请看以下例句：

（1）From then on, I found it much easier to communicate with him.（代不定式短语）

从那以后，我发现和他打交道更容易了。

（2）Access to transportable pumps has made it possible to resume the cooling.（代不定式短语）

便携式泵使得恢复冷却成为可能。

（3）Conventional wisdom has it that the Antarctic ice-cap, in its present extent and form, is millions of years old.（代从句）

一般学者认为，南极洲的冰层，以它目前的面积和形态，至少已经存在了好几百万年。

第二，固定习语。事实上，it 也常出现在一些固定习语中，很难去判断它指代什么，往往只具有形式上的意义，没有任何词汇意义，只是用来说明前面的动词是及物性的。主要包括以下几种情况。

一是由称谓名词转换而来的动词，这类由名词转换而来的动词常和 it 构成固定短语，表示该动词的名词原形所指的某一类型的人所具有的举止或表现，或某一种工具所具有的某项功能。请看下面两个例句：

（1）She's not the kind of girl to to queen it over the ordinary nurses.

她不是那种要把普通的保姆捏在手中加以控制和操纵的人。

（2）The elder boys lorded it over the younger ones and set them all sorts of jobs to do.

年龄大一点的男孩子对年龄比他们小的称王称霸，要他们干各种各样的活儿。

二是由场所词、工具词转换来的动词。例如：

We would sleep out on fine nights, and hotel it, and inn it. and pub it when it was wet.

天气晴朗的夜上，我们往往露宿户外；碰上阴雨天的夜里，我们就在旅馆、客栈或小客店里过夜。

上例中的 hotel it、inn it、pub it 这三个动词短语意思是利用 hotel、inn、pub 作为过夜歇宿的地方，因而可以译成"在旅馆（客栈，小旅店）里住宿过夜"。类似地，it 也可以和一些交通工具词搭配，表示通过某种交通方式，如 bus it（乘公共汽车）、train it（乘火车）、tube it（乘地铁）。

三是由身体器官转换而来的动词，例如 foot it（步行）、leg it（拔腿就跑）等。

（1）No car was to be found, and we had to foot it in the rain.

当时要找到一辆小汽车是不可能的，我们也就只好冒雨步行了。

（2）A smarter, traffic-savvy hedgehog, instead of rolling into a ball at sight or sound of hazard, now legs it.

刺猬变得聪明了，已经能看懂交通规则，当发现危险靠近时，也不再蜷成一团反而会快速逃逸。

四是普通动词，it 也和一些普通动词或普通名词转换而来的动词构成固定短语，表示一些特殊的含义。请看以下例句：

（1）We lived it.

我们亲身经历过。

（2）Still, the problem was not that I had made an excuse, but that I had made it so bluntly.

不过，问题不在于我作了辩解，而是我的辩解是如此唐突。

（3）The medical schools used to say they wanted applicants as broadly educated a possible, and they used to mean it.

医科院校过去常说，他们希望考生受过尽可能广泛的教育。他们也真的那样做了。

(4) Or to put it in Plato-like words, "he who adores the perfect and unchangeable and scorns the corruptible and ignoble will prefer the noble gases, by far, to all other elements."

或是套用柏拉图式的说辞，"凡是崇尚完美与不变，而且鄙视腐败与卑劣的人，显然都将偏爱高贵气体远胜其他元素。"

(5) As luck would have it, Chandra thought of someone who might be willing to help him.

碰巧，钱德拉想到有人也许愿意帮助他。

更多的例子包括 rough it（含辛茹苦，过着清苦的生活）、chance it（碰碰运气，好歹试试看）等。此外，还有一些比较复杂的结构，如"动词 + it + 副词 / 形容词"的用法，例如：

(1) You totally hit it off with Hilary Duff.

你和希拉里·达夫相处得非常好。

(2) Of course this presumed that Rosy had hit it right in wanting the bases in the center and the backbone outside.

当然，这也证明罗西把碱基放在中心，而把骨架放在外面的设想是对的。

(3) Before he hit it big. Tony Hillerman's agent dumped him advising that he should "get rid of all that Indian stuff".

东尼·席勒曼成名之前，他的经纪人抛弃了他，还劝他"别再写那些印第安人的玩意"。

(4) Nikkie, obviously still nervous, made it up with his opponents.

显然惊魂未定的尼基与对手们"握手言和"了。

第三，是动词 + it +（副词）+ 介词短语结构，还有动词 + it +（副词）+ 介词短语结构，例如 take it into one's head（灵机一动，突然决定），put it on the line（直截了当地说明），take it out on/off someone（使人困乏；拿别人出气 / 把怒气，不满发泄在别人身上）。It 有时还出现在介词之后，充当宾语，形成形容词性固定短语表示特定的含义，例如 at it（忙于某事，活跃，苦干），for it（注定要挨罚或严厉申斥），见以下例句：

（1）Soon, if not already. he would be at it day and night.

就算他现在尚未发现自己的错误，他很快将会夜以继日地追究起来。

（2）We cannot make perfectly safe autos or trains even though we've been at it for more than a century.

虽然人类制造汽车和火车已经一个多世纪了，但是我们还不能造出绝对安全的车辆。

（3）After all, it has to be said that we've been at it for only the briefest time in evolutionary terms, a few thousand years out of billions. and during most of this time the scattered aggregates of human thought have been located patchily around the earth.

但不得不说，从进化的角度来看，我们运用大脑的历史还极其短暂，不过区区几千年，而人类的历史怕要延续几十亿年。在这几千年中，人类思想一直是斑斑块块地分散在地球各处。

（4）And I am all for it.

我完全赞成。

第四，状语短语。it还可以出现在状语短语中，例如as it were（可谓/可以说/似乎/好像），as it is/was（在句首，"事实上，实际上，其实"），as it is/was（在句末，"原样，照原来的样子，照事实"）。例如：

（1）The downside, as it were, of this capacity to delay defecation is that food waste accumulates in the intestines and putrefies there, creating rotting feces that are "an asylum for harmful microbes."

这种延迟排便功能的缺点是食物残渣容易积聚在肠道里，腐败后产生发臭的排泄物，成了"有害微生物的藏身处"。

（2）Chandra was "conducting" the chorus as it were, leading it in a crackling, drumming tune of his own.

钱德拉好像在"指挥着"合唱，以自己的噼啪声、鼓声似的音调领唱着。

（3）As it is, even with the Hubble telescope, we can't see even into the Oort cloud, so we don't actually know that it is there.

事实上，即便使用哈勃望远镜，我们也看不到奥尔特云，因此我们实际上不知道它在哪里。

（4）It has to be accepted as it is, not because we like it, but because that is the way the world works.

它必须被接受，并非因为我们喜欢它，而是因为那正是世界运作的方式。

2. 引导词 there

虚词 there 也常作为形式主语，引导出各种各样的常用句型来。主要有以下几种常用的 there be 特殊句式。

第一种，是 There be + 名词 + and + 名词，例如：

There are stars and stars. 天上星，难数清。

第二种，是 There is/ seems no + 名词 + in doing（sth.）/ to do（sth.），例如：

（1）Of course, there is no reason to suppose in advance that the laws of ordinary mechanics must fail in explaining the motion of the tiny constituent parts of the atom.

当然，没有理由预言一般的力学定律在解释原子的微小组成部分的运动时必定失败。

（2）Hence there seems to me to be no great difficulty in believing that natural selection has actually converted a swim bladder into a lung. or organ used exclusively for respiration.

因此，没有理由可以怀疑鳔实际上已经变成了肺，即变成一种专营呼吸的器官。

第三种，是 There is no + 动名词，例如：

（1）But there's no turning back from science.

但是无法从科学中折回。

（2）"Going nuclear" means you've hit the fatal button, and there's no turning back.

"发展核武器"就意味着你按下了致命的按钮，没有回头路了。

（3）Really, it's that bad, and if there's no telling when things will be repaired, there's even less way of knowing what the eventual price tag will be.

真是太惨痛了，如果无法预料地铁系统何时修复，那最终代价就更无从得知了。

（4）There's no denying that the future of computing lies in small, low-power solutions coupled with big-iron cloud services.

不容置疑，未来计算机的解决方案是小巧、耗能低，再加以超大型计算机的云计算服务。

第四种，是 There is nothing/no...like ...，可译作"没有什么比得上……""什么也比不上……""没有比……更好的"。例如：

（1）"There's no place like home." a feel good refrain in the movie, is a far more complex statement in the book.

"哪儿都比不上家"是电影里一句令人愉悦的重复台词，但在书中却是远比这复杂的陈述。

（2）There is nothing like it anywhere in the world.

世界上再也找不出第二个这样的地方。

（3）There is nothing quite like holding a real piece of history in your hand.

亲手掌握史料的感觉非常特别。

通过对形式词 it 和引导词的分析，验证了英语是一种形式自足的语言，强调语言结构完整、逻辑形式清晰。

3. 连接词

在英语中，句子的衔接手段多为介词、连词、关系代词、关系副词、分词等其他静态手段，所以整个句子多呈现一种静态的特点。

主从分明的另外一个表现特征体现在很多复句中，because，so，although（though）but 只能单用来表现句子中的主从关系。例如：

（1）Strangers speaking different dialects might want to strike up an image-rich conversation just because they're in close proximity.

操不同方言的陌生人可能只是因为彼此近在咫尺，所以就想进行一次生动的交谈。

（2）Although mosquitoes can infect chickens with a group of viruses called arboviruses, the birds do not become ill.

虽然蚊子能够使鸡感染上一种叫作虫媒病毒的病毒，但是这种家禽却不会得病。

（3）Because of the Titanic's nose-down tilt, as each compartment filled. it would spill over to the next.

由于泰坦尼克号的每一个密封舱都注满水之后，其头部的下倾，水将流入下一个舱内。

（4）Although Frank and I had been best friends, I just couldn't stand to watch his casket be lowered into the ground.

尽管弗兰克和我一直是最好的朋友，我仍然受不了目睹他的灵柩入土。

由以上几个例句，我们发现汉语关联词可以成对出现，比如"因为……所以……""虽然……但是……"等，如例（1）和例（2），亦可以单独出现，比如"由于""尽管"等，如例（3）和例（4），并没有形式上的要求。当然，不可否认英语中也有一些关联词语连接的对称结构，例如：

（1）The faithful would rather see their children die than give them antibiotics.

这种宗教的信仰者即使眼睁睁地看着自己的孩子死去，也不给他们服用抗生素。

（2）The more behaviors that resurge, the greater the number of possible interconnections, and the more likely that new ideas will occur.

复活的办法越多，其联想的参数则越高，金点子则越可能脱颖而出。

（3）Not only would you benefit from the information learned. but the rest of the students at your school would benefit also.

不仅你会从学到的知识中受益，你们学校的其他学生也会受益。

（4）No sooner had he published his proof than Pope Leo XIII delivered an influential encyclical calling on Catholics to open their minds to the teachings of science.

他的证据发表不久，教皇利奥十三世就发出了影响极大的通谕，号召天主教徒对科学的学说持开明态度。

（5）As the water ebbed away so did the danger.

蓄水宣泄而出，危险也随之降低。

（6）Just as the finches of the Galapagos and the cichlids of Lake Victoria diversified, so did life on Hawaii.

于是，如同加拉帕戈斯群岛的地雀及维多利亚湖的慈鲷，夏威夷岛上的生物开始多样化。

（二）主谓一致

英语动词形态变化多，如时、体、态、气等，请看以下两个例句：

（1）I studied their floatability up close, in a hotel spa.

我利用饭店的按摩浴缸，仔细研究了运动鞋的漂浮能力。

（2）Metchnikoff had studied the barnyard cow. now "generally famous as the prime circulator of tuberculosis."

麦奇尼可夫研究过在畜棚饲养的乳牛，也就是后来"广为人知的结核病主要传播者"。

以上两例中的一致性首先体现在谓语动词要受主语的人称和数的制约，请看以下例句：

（1）I study it from every angle I can manage from above the water's surface.

于是，我尽可能地从水面上不同的角度去研究它。

（2）Electrophysiologists study nerve activity by making extremely fine electrodes.

电生理学家用极细的电极来研究神经活动。

（3）He studies clouds and how they connect with Earth's climate.

他在研究云以及云与地球气候的关系。

（4）I would prefer my child take anabolic steroids and growth hormone than play rugby a British scientist who studies doping told the (Financial Times).

我宁愿我的孩子吃类固醇和生长激素，也不愿他打橄榄球，一位研究禁药使用的英国科学家向《金融时报》表示。

根据英语主谓一致的原则，谓语动词 study 必须根据主语的人称和数的情况而作出相应的变化，即主语为 I 和 electrophysiologists 时，使用原形，而当主语为表示第三人称代词 he 或单数名词 scientist 时则添加 -es。而在汉语译文中，动词"研究"本身则没有发生任何变化。在英语中，除了在人称和数上要求主谓一致外，谓语动词也要遵循和主语保持逻辑一致的原则，尤其是动词的语态变化，例如：

（1）The location needs to be studied and then a decision can be made.

需要对演出场地进行研究后，再作出决定。

（2）The health effects of tea have been extensively studied.

茶叶的健身功效已得到广泛的研究。

（3）Halibut, for example, are currently being studied by Marine Harvest scientists to see if they are a viable species for domestication.

例如，美威的科学家正在研究大比目鱼是否可以被成功驯化。

根据主语与谓语的逻辑关系，确定是使用被动语态，还是使用主动语态，例如：

（1）Some of the candidate glasses being studied for waste storage have similar ingredients to those made in ancient times.

部分被选出来供储存核废料研究的玻璃，在组成成分上与那些古代玻璃颇为相近。

（2）Academia is full of people studying yeast, beer, wine, and spirits.

学术界有许多人研究酵母、啤酒、葡萄酒和烈酒。

二、汉语柔性比较翻译

（一）汉语虚词

相比较英语形式自足的特点，汉语则是语音语义自足的语言，有时语义也不必完全自足，这些都是汉语的弹性使然，在虚词的使用上尤为如此。例如，古汉语最典型的"而"可以用作语气词，通"尔"，后演化成连词，可以连接两个并列成分，例如：

（1）Communication between members of a group (ideally) works easily and fast.

（理想情况下）某个部门内成员之间的通信总是方便而快捷。（顺接，表并列）

（2）I had learned the way children always learn—not by words but by example.

就如别的孩子接受教育的方法一样，我接受的是父亲的身教而非言传。（逆接，表转折）

"而"还可以连接偏正的成分，例如：

（1）It was one of those discoveries that forced its way out of the scientific journals and into the public consciousness.

历史上有许多发现都是从科学杂志中脱颖而出，被公众所认识的。

（2）I'll start with a few minutes of more general comments.

我先泛泛而谈几分钟。

汉语虚词的本质是为了传达声气感情，留有相当大的余地，可随语气和节奏需要灵活使用，表现出一定的弹性，主要表现在以下5个方面。

1. 可有可无

虚词的有无一般不会改变语义，只是起到"调整音节、节奏、语气"等作用。虚词可有可无是英汉虚词的最大区别，现代汉语亦如此。

一个明显的例子是"的"字。使用"的"字只是出于语音节奏的考虑或文字使用习惯，很多时候并不会影响到语义，弹性很大。如在以下例子的汉译中，结构助词"的"字皆可省略：

（1）History of Mathematics

数学（的）历史

（2）The Flora and Fauna of Las Vega

拉斯维加斯（的）动植物生态

（3）Five portions of fruit and vegetables

五种不同（的）蔬菜和水果

（4）Eating lots of fruit and vegetables may not help stave off cancer!

吃大量（的）水果和蔬菜并不能避免癌症。

（5）These are further divided into the colors red, green, and blue.

它们又进一步被分成红（的）、绿（的）和蓝（的）三种颜色。

此外，语气词也是如此，很多时候可有可无，例如：

（1）Do buses really come in threes?

公交车真的一来就是三班（吗）？

（2）Get rid of the TV remote and always take the stairs.

那么扔掉电视机遥控器，多爬楼梯（吧）！

介词的情况也是如出一辙，例如：

（1）From far away, the garden hose looks like a thin, one-dimensional line.

（从）远处看，花园水管是一根长长的一维的细线。

（2）Within five years, virtual reality "tours" of the Himalayas or Venice will be widespread.

（在）5年内，虚拟现实的喜马拉雅或威尼斯之"游"将会十分普遍。

连词，如"和""而"等亦是如此，例如：

（1）But later, within two years, there is an explosion of growth in forests and grasslands, causing plants to more vigorously suck carbon dioxide out of the atmosphere.

但是，（在）之后的两年中，森林（和）草场会急速生长，会更加充分有效地吸收大气中的二氧化碳。

（2）What the study does show, however, is that the rise and fall of CO_2, in the atmosphere is strongly influenced by natural changes in global temperature.

然而，研究结果显示，大气中二氧化碳含量的升降受到全球气温自然变化的强烈影响。

2. 音节伸缩

很多单音节的虚词可以根据韵律或修辞的需要，扩充至更多的字，如"总之""再三"可以分别扩充为"总而言之""一而再，再而三"等。实际使用中，可以通过停顿、标点符号等手段来对音节的数量进行控制，比如下面两个例句：

（1）A lack of water can cause a decrease in blood volume, and that can bring on fatigue.

缺水会导致血的总量减少而产生疲惫感。

（2）Vision problems also hamper concentration, which can cause fatigue.

视力问题也会影响集中精力而产生疲劳。

由此，可以认为汉语音节使用的灵活性的底层机制在很大程度上与汉语重韵律、轻语法的语言特征有着密切的关系，讲究语言在形式和内容上都要体现出一种美感来。

3. 虚实转换

几乎在任何语言中，都存在实词虚化和虚词实化两种语言演变模式，汉语尤为如此。现代汉语受到了英语的影响，大量的实词开始用作虚词，如下面两例中的"在"字：

（1）Industry analysts say a satellite data set-up costs about $500 to install and between $20 and $50 per month to support.

企业分析家们称一套卫星数据安装系统的安装费用大约是 500 美元，每月维持费在 20 美元至 50 美元之间。

（2）Curiously, after Newton, astronomy had become a pretty tame business in most everyone's eyes.

奇怪的是，在牛顿之后，天文学在所有人看来都已回归平常。

4. 词义多变

相比英语虚词，汉语虚词多义现象更为普遍，例如"而"可以表达很多意义，见以下例子所示。

（1）If a substance was lost in a process, weight would normally be lost, not gained.

如果在这一过程中物质损失了，正常的情况质量应该减少，而不是增加。（并列）

（2）Its discovery would mark a beginning not an end.

它的发现将标志着一个开始，而不是结束。（并列）

（3）These are realms that are tiny and yet incredibly massive.

这些就是"小而重"的领域，体积很小，而质量大得吓人。（转折）

（4）He promptly published the recipe for his preparation, which became known as "chocolate agar".

他立即发表了该培养基（后来以"巧克力琼脂"而闻名）的配方。（结果）

（5）He lacks the virtues that accompany respect and "respectability" and altogether everything that is the "virtue of the herd".

他缺少伴随尊敬和"可尊敬性"而来的美德以及一切"民众的美德"。（递进）

5. 位置灵活

由于汉语虚词身份或词性的模糊性，虚词的位置也比较灵活，有时候可以出现在主语之后，有时候会出现在句首，例如：

（1）Like many thinkers during the 1700s, he was troubled by the conflicts between his scientific observations and thinking and his religious beliefs.

和18世纪许多思想家一样，他被科学观察与思考和宗教信仰之间的矛盾深深困扰。

（2）It might; but Asian manufacturers are just as well placed as anyone else to adopt the technology.

或许如此；但亚洲制造商们和其他任何人一样有机会采用这项技术。

虚词"在""从"的位置也非常灵活。例如：

（1）In her third year, faced with a choice between months of hard revision and a tempting offer from her benefactor, she left college.

大学三年级的时候，男人问她是否愿意和他一块儿出外旅行几个月。这表示她必须在旅行和学业之间作出抉择，女人最后决定放弃学业。

（2）You must get out of this dilemma.

因此，你必须从这种困境中解脱出来。

（3）This summer, 30 years after he had the original idea, having failed to convince his employer or any other energy firm to take it on.

从他最初产生这一想法至今已有30年，他也未能说服他的老板或任何一个能源公司来采纳其计划。

（二）句式松散

汉语句式中缺少严格意义的主从分句，而且呈现出很强的弹性，呈现出两极状态，主要表现在以下3个方面。

1. 关联词语成对出现

英语中的连词一般只能单用，除非其中一个为联加副词，如表示条件的then，表示转折的yet，still，however，nevertheless，notwithstanding，anyway，anyhow，表示因果的therefore，hence，accordingly，consequently，以及表示时间的meanwhile，meantime等。汉语中的关联词，如"因为……所以……""虽然……但是……""……就……""只有……才……""只要……就……""如果……就……"等常常成对出现，体现出汉语的平衡对称之美。请看以下例句：

（1）Not until the eighteenth century were negative numbers accepted as bona fide numbers.

一直到18世纪末为止，负数才被接受为一个真实的数。

（2）They are only used when the ship begins to sail in the ocean.

只有当船在大洋中航行时才使用它们。

（3）So long as DNA is passed on, it does not matter who or what gets hurt in the process.

只要DNA能够传下去，在其传播过程中，不管是谁或是什么受到损害都无关紧要。

（4）We could look into Marilyn Monroe's closet so long as we looked into Robert Oppenheimer's laboratory, too.

我们既可以一览罗伯特·奥本海默的实验室，也可以一探玛丽莲·梦露的衣橱。

2. 关联词语单独使用

汉语中的关联词除了成对出现外，单用的情况也较为常见。请看以下例句：

（1）So long as we are concerned only with fundamental physical ideas we may avoid the language of mathematics.

由于本书只讨论基本的物理学观念，我们可以避免数学的语言。

（2）Nash's curiosity was easily piqued, they discovered, provided that the problem struck him as interesting and the speaker mathematically competent.

他们发现，他（纳什）很容易产生好奇心，只要那个难题在他看来很有趣，而说话的人又具有很高的数学水平。

3. 关联词语同时消失

汉语作为一种意合语言，靠上下文来理解语义，关联词语完全可以不添加且不影响语义表达。请看以下两例：

（1）Nothing happens so long as the wire does not touch the zinc plate.

导线不接触锌片，不会有什么现象发生。

（2）Though it has taken many centuries, scientists have learned to look beyond apparent order and recognize the hidden randomness in both nature and everyday life.

花费了几个世纪的时间，科学家总算不再局限于表面的秩序，而是认识到自然界与生活中的随机性。

三、刚柔转换比较翻译

基于以上讨论和比较，我们得知刚性和柔性分别代表英语和汉语的典型语法特征。在处理英译汉时，尤其是复杂的句子，往往要发生句式结构的转换，即把具有严格形式标记或逻辑标记的句子转换为具有弹性的汉语句式。接下来，我们将从以下三个方面进行探讨。

（一）化形为义

英语具有一套严格的语法系统，英译汉时要对英语语法进行条分缕析，在此基础上进行许多契合汉语语言特点的转换，这样才能产生地道流畅的译文。本部分主要以英语派生词为例，分析如何在英译汉过程中消解语法约束，从而产生灵活的由形到义的转换。

一般说来，英译汉时常常把英语派生词还原为原形（如形容词、动词等），或者采用分析型的表达手段。两种策略的共同点表现在将抽象浓缩的语言形式转换为清晰生动的语义表达。单个抽象名词常隐含着一个小句的内容，尽管这个小句没有出现，读者也能根据抽象名词的对应动词或形容词的惯用搭配理解其意思。为了表达出这些派生词蕴含的丰富语义，除了通过还原成词根，还可以采用汉语形象生动的四字格，将派生词内部的语义关系形象生动地呈现出来，例如 effortless（风度翩翩）、helpless（孤立无助）、rarity（凤毛麟角）、picturesque（风景如画）、talented（才华横溢）、localized（安营扎寨）、beloved（爱不释手）、encumbrance（碍手碍脚）、peaceful（安安心心）、bumpy（凹凸不平）、dispassionate（不动声色）、amusement（吃喝玩乐）等。

（二）化繁为简

文言文演化到四字格的过程是体现了汉语的弹性和柔性特点，大致通过增词、减词、节缩等形式产生了数量众多的四字格。

我们发现形合特点突出、语义丰富的派生词在很多情况下可以和汉语的四字格进行转换。此外，语法结构复杂的英语句子在很多情况下亦可转换为富有弹性特点的汉语四字格。如下例句：

（1）Good fortune presides over the journey. 安然无恙。

（2）The wind blows from all the eight quarters. 八面来风。

（3）Streetcars, horse-drawn carriages, and automobiles clatter past. 车水马龙。

（4）The dust finally settles. 尘埃落定。

（5）There's a striking discrepancy. 大相径庭。

（6）There are plenty of such people. 大有人在。

（7）The wind lulls and the sun shines. 风和日丽。

（8）As you might expect from the name. 顾名思义。

（9）All of this is to come to the point of saying ... 归根到底。

（10）It would already be too late ... 后悔莫及。

（11）Small wins are a large plus. 积少成多。

（12）Anyone can produce the name on short notice. 家喻户晓。

（13）Everything possible would be done. 竭尽全力。

（14）Nothing has existed before or since. 空前绝后。

（15）A collision is narrowly averted. 千钧一发。

（16）There is general apprehension. 人心惶惶。

（17）There is still much work to be done. 任重而道远。

（18）Time goes on. 时过境迁。

（19）Something would go wrong. 事与愿违。

（20）It was impossible to keep my feet under me. 四脚朝天。

（21）It all pours out. 滔滔不绝。

（22）This changes everything. 天翻地覆。

当然更多的情况是汉语四字格和英语短语的对应。比如以下例子：

（1）mutually assured destruction 同归于尽。

（2）to burn till the morning 通宵达旦。

（3）to combine efforts 同心协力。

（4）to be switched with 偷梁换柱。

（5）to return the favor 投桃报李。

（6）to improve with breathtaking speed 突飞猛进。

（7）to be taken seriously 一本正经。

（8）not to have the slightest idea 一筹莫展。

（9）to be turned on instantaneously 一触即发。

（10）a constant stream of 川流不息。

基于以上例子，我们发现，在很多情况下汉语译文常采用四字格形式，其结构对称和谐、简洁有力、弹力十足，突破了英语句子的机械性和程式化约束。尽管原句语义略有缺失，然而并不妨碍理解。汉语的特点一般是留给读者较大的想象和联想的空间。四字格具有较强的表现力，符合汉民族的审美心理。

(三)化整为零

英语形式机制强,语法结构严谨,虚词、关系词、代词及主谓结构等在英语中是具有强制性的,如果省略,常会影响语义的表达。而汉语形式机制弱,语言形式流散、疏放,词与词之间、小句与小句之间的关系主要靠语义来关联。在翻译英语环环相扣的复杂句时,常常会省略原文中必不可少的功能词、连词或其他衔接词,将原句拆分为小短句。传统的汉语句子给人的印象是欲断还连、欲连还断,极具张力和弹性。譬如以下各例:

(1) For the first time in history a conviction has developed among those who can actually think more than a decade ahead that we are playing a global endgame.

这是历史上的头一次,一群思维能超前十年有余的人们,发展出了一股信念:我们正上演着一出地球的死亡之戏。

(2) I've written Half-Earth as the last of a trilogy that describes how our species became the architects and rulers of the Anthropocene Epoch, bringing consequences that will affect all of life, both ours and that of the natural world, far into the geological future.

我撰写的这本《半个地球》是三部曲中的最后一本。这套书是写人类物种如何成为人类世时代的设计师和统治者,其影响所及将遍及所有生命,涵盖我们人类及整个自然世界,直到长远的地质年代。

(3) With much of its habitat replaced by agriculture and its populations driven downward by the relentless poachers, the species is now limited almost entirely to a few captives in zoos and the dwindling forests of Sumatra.

曾几何时,农耕地霸占他们大部分的栖地,加上盗猎者的觊觎,苏门答腊犀牛现今几乎只局限在数个圈养的动物园,以及在苏门答腊面积日缩的森林里。

(4) However such matters will not be dealt with here instead attention will be focused on the basic question what kind of conditions have to be imposed on the dynamics of a system to ensure that the distribution function will approach the microcanonical or the canonical ensemble?

但是这里我们不再细谈这些问题了,而是把注意力集中于一个基本问题上,必须给系统的动力学加上什么样的条件,才能保证分布函数趋向微正则或正则系综?

以上4个例句基本上采用化整为零的策略，将英语句子进行切割，把一个英语长句子拆成几个汉语小句，形成流水一样铺排的结构。句子的语义隐藏在词语的线性铺排中，通过词语间相互搭配构成。汉语词语之间的铺排不是通过虚词来连接，而是通过事理逻辑进行的，这些事理逻辑包括时间先后律、因果先后律、空间大小律、心理重轻律。

第二节　显性和隐性比较翻译

"在传统的口语教学中，我们更多的是关注显性知识，而忽略了隐性知识。我们承认显性知识的重要性，但是我们一定要清楚，显性知识在口语教学中只是起到小部分的作用，而真正需要作为重点的却是隐性知识。这种隐性知识虽然是无意识获得的，没有明确目标和学习方法，学生可能都不清楚自己学习了什么内容。但是，逐渐地，隐性知识就会通过学习或生活反映出来。"[①]

一、英语显性比较翻译

"外显性"是指英语语法通过形式或形态显露出来。前者主要指句子及语篇的表层结构对英语语法有表现力、约束力；后者则指词的屈折变化。广义的形式则包括形态。英语在历史上曾经是一种形态丰富的语言，随着语言自身的演变，以及语言接触等外部因素的影响，例如英语和斯堪的纳维亚语的接触，为数不少的屈折词缀已经停止使用，逐渐从综合型语言走向分析型语言，但形态的内容仍保留了下来（如名词或代词的性、数、格，动词的时、体、态，形容词或副词的级，主谓一致等）。

（一）基本语法范畴

现代英语的形态标记变化主要包括动词的语法变化和名词、代词、形容词、副词的词类变化，以及其他词缀变化。其中，语法变化具体表现在动词的时、体、态，如表4-1所示。

[①] 付晓倩：《二语习得中显性和隐性知识在英语口语教学中的作用》，《海外英语》2021年第9期，第21—22页。

表 4-1　英语动词 study 的形态意义

范畴	类别	英语	汉语
时	现在时	People who study this issue believe that Internet addiction is as real as alcoholism.	研究这一问题的人认为人们沉溺于互联网就如同沉溺于酒精一样。
时	过去时	Instead, he studied every line of the state budget an imposing document even then.	相反，他字斟句酌地研究了政府预算——这即使在当时也算是一部洋洋洒洒的文件。
体	进行体	An American graduate student happened to be studying frogs in the rainforest there.	一位美国研究生正好在那里的雨林研究蛙类。
体	完成体	I told him I had studied some statistical mechanics.	我告诉他，我已学过一些统计力学。
态	主动语态	For the most part, researchers have studied the aftermath of surface spills.	总的来说，研究者已对海面漏油的后果有所研究。
态	被动语态	Look at the common oak, how closely it has been studied.	看看普通的栎树，它们已被研究得何等精细。

此外，还包括名词的性、数、格等，如表 4-2 所示，为英语名词 hero 的形态意义（性、数）。

表 4-2　英语名词 hero 的形态意义

范畴	类别	英语	汉语
性	阴性	A feminist heroine for some and loose cannon for others, much of this legacy was sadly far removed from science.	对某些人来说，她是女性主义的英雄，在另一些人眼中，她却像个失控的大炮。不幸地，这些都让人忽略了她的科学成就。
性	阳性	He declared him to be a modern hero: A hero of a new kind, representing not victory, conquest and triumph, but renunciation, reduction and dismantling.	他认为他是现代英雄：一个新形态的英雄，他代表的不是胜利、征服与凯旋，而是放弃、削减与解散。
数	单数	It was a huge coup for the Communist regime and Qian was welcomed back a hero.	此举对中国共产党政权来说是个巨大的成功，钱回国后受到了英雄般的欢迎。
数	复数	It is these and many other human and other-than-human heroes that you will meet in the following chapters.	在接下来的章节中，你将会看到他们以及更多的人，甚至还有超越人类的英雄们。

此外，英语代词也有宾格和主格的区别意义。例如：

When she was on maternity leave, her supervisor e-mailed her with updates on the latest research.

她说，休产假期间，她的主管通过电子邮件告诉她最新的研究进展。

上例中，"she"为"主格"，前后两个代词"her"分别为"所有格"和"宾格"。根据以上分析，我们发现，无论是动词的"时、体、态"，还是名词的"性、数"，还是代词的"主格、宾格、所有格"，其形态意义区分明显，一目了然。汉语使用同一个词，表达名词是主格还是宾格，动词是主动，还是被动，词的本身并不能反映，必须依据该词在句子中所处的位置以及上下文的语境来判断。名词方面，汉语可以通过添加"们""一些""许多"，或采用叠词形式（如人人、年年）等来表示复数概念。请看以下两例：

（1）Through his hundreds of columns and dozens of books, he always credited others for the material and insisted that he wasn't even a good mathematician.

在他的数百篇专栏和数十本书中，他总是感谢别人提供了素材，并坚持说自己连一个好的数学家都算不上。

（2）The star of countless children's books, Clifford the Big Red Dog has been an enduring icon in the cartoon dog world since the early 1960s.

无数儿童书中的明星大红狗克利弗德自从20世纪60年代以来一直是卡通狗世界里长盛不衰的偶像。

这些表示复数概念的词往往是省略的，其复数含义只能通过上下文来推测出来，例如：

（1）You might find it easier to use shorter methods found in books on probability.

你会发现使用概率书中的更简洁的方法比较容易找到答案。

（2）There was no television when I was young: I learned everything from books—and nature.

我小时候家里没有电视，但是，我从书中和自然界里学到了所有的东西。

（3）If you have no success with books, ask your librarian for assistance in locating magazines that can provide ideas.

如果从书中找不到想法，可以请求图书管理员，让他帮助寻找可以提供想法的杂志。

语境对于理解词语具有极其重要的作用。因此，大量的英语词汇的词类通过其词形就可以一望而知，例如名词性后缀 -ment, -ation, -ity, -er（or）, -ism, -ist, -ology, -ness 等，形容词性后缀 -ful, -al, -tive，前缀 a- 等，动词性前缀 en-, de-，后缀 -en, -fy, -ize 等，副词后缀 -ly 等。也就是说，尽管离开句子，词类基本上可以通过本身形式体现出来，因此英语为低语境语言。

有时候，为了标定汉语的名词词性，往往会加上一些表示语义的词（如性、感），如 seriousness 译为"严重性"，sleepiness 译为"嗜睡感、困意"，competitiveness 译为"竞争力"。而"性""感""意""力"并不像英语那样属于形式标记，仍带着一定的语义性质。这类具有名词词性标定的词还包括程度、状态、水平等，语义特点较突出。特别值得一提的是，英语中的词缀往往表示一个语法概念，一般来说是强制性的，不能随意增减。此外，还有一些词缀是在翻译的过程中移植过来的，如"反-""非-""超-""准-""多-""主义"等，这些词缀基本上表语义功能。汉语中这类词缀的成分稳定性低，不具有强制性，在很多时候，删除这些成分并不会改变词性或词义，往往与文体有一定的关系。汉语不同词类之间往往比英语有更多的语法功能兼容性。

尽管 -ness 类抽象名词在译成汉语名词（或词组）中，大多为名词性词组，然而有些所谓的名词词类是模棱两可的，例如：

Darwin himself had no idea why children resemble their parents and his frankness in admitting ignorance is disarming.

达尔文自己也不知道为何孩子会像父母，但人们因为他的坦白而弭平了敌意。

frankness 的汉语对应词"坦白"的词性在某种程度上很难十分有把握地归类为名词，汉语更多强调语义，甚至可以归结为动词词性，因而并不像英语有个形式标记。再比如, effectiveness 译为"效果"，connectedness 译为"连接"，dryness 译为"干旱"，等等，看似被译为汉语的名词，其实存在着很大的词类模糊性，各类词之间常常通用。比如，"树"可用作名词，可是在"树人"这一表达中便成了动词，而在"树林"中便成了形容词。

形态标记主要表示词的语法范畴，往往是在词进入句子以后才发生的，比如名词或代词的性、数、格变化，动词的时、体、态、语气变化，形容词或副词的比较级、最高级变化等。汉语隐性和英语显性的差异体现在英语的语法有很强的"自治性"，在很大程度上可以和语义脱离，通过形式即可进行判断，而汉语则相反，是以义驭形，对语义的依赖性大。

当然，这并不意味着汉语表达手段低于英语句子。汉语语言的弹性非常大，通过简单调整语序，且词本身不需要像英语一样添加词形后缀，一样可以表达意思。其差别是汉语是意合语言，靠语境来决定语义；而英语是形合语言，构词造句要受到语法规则的制约。

（二）从属语法范畴

从语法结构来看，汉语重意合而英语重形合。汉语的意合一般无需借助于词汇语法的衔接手段，仅靠词语和句子的内涵意义的逻辑关系，便能构成连贯的语篇；而英语往往少不了词汇句法的显性连接，即从语言形式上把词语句子组成语篇整体。接下来，我们以连词和代词为例来探讨英语语法的显性特征。

1. 连词

英语小句之间的逻辑关系往往需要连词来衔接。主要包括以下几种情况：

第一是时间连词。

（1）After we were well sloshed, I bared my soul.

等到我们都醉了，我向鲍勃敞开了心扉。

（2）As soon as he had finished his unassuming report, however, everyone in the audience knew that a bombshell had exploded in the world of Joshua Lederberg.

可是，他刚作完那篇措词谦虚的报告，会场的听众都意识到，利德伯格的实验室里发生了一件惊天动地的事情。

第二是转折连词。

（1）Whereas the rest of the enterprise brought in the money to keep things going. by various commercial applications of narrow AI, the Omega Team pushed ahead in their quest for what had always been the CEO's dream: building general artificial intelligence.

公司其他部门负责通过各种弱人工智能（narrow AI）建立起商业化模式，为公司盈利，维持营运。欧米茄团队则负责开拓进取，来实现首席执行官的梦想：打造通用人工智能。

（2）I take it on faith that computers, although lacking souls, are possessed of a kind of intelligence.

我相信，计算机虽无灵魂，但也有某种智能。

第三是条件连词。

（1）It does not matter if you smoke, or take vitamin pills. if you work out or become a couch potato.

你吸烟也好，补充维生素也好，有锻炼习惯也好，整天窝在沙发上看电视也好，都没关系。

（2）Thus the first ultra-intelligent machine is the last invention that man need ever make, provided that the machine is docile enough to tell us how to keep it under control.

因此，人类历史上第一台超级智能机器将会是人类的最后一项发明——而这台机器需要言听计从，还愿意告诉我们如何驾驭它。

2. 代词

如表 4-3 所示，表中归纳了英汉语言人称代词分布的情况。一般说来，英语代词使用频率要大大超过汉语。

表 4-3 英汉语言人称代词的分布

人称	主格	宾格	名词性物主代词	形容词性物主代词	主格	宾格	名词性物主代词	形容词性物主代词
第一人称单数	I	me	mine	my	我	我	我的	我（的）
第一人称复数	we	us	ours	our	我们	我们	我们的	我们（的）
第二人称单数	you	you	yours	your	你	你	你的	你（的）
第二人称复数	you	you	yours	your	你们	你们	你们的	你们（的）
第三人称阴性	she	her	hers	her	她	她	她的	她（的）
第三人称阳性	he	him	his	him	他	他	他的	他（的）
第三人称复数	they	them	theirs	their	他们	他们	他们的，她们的，它们的	他们（的）

续表

人称	主格	宾格	名词性物主代词	形容词性物主代词	主格	宾格	名词性物主代词	形容词性物主代词
物或语篇段落	it	it	its	its	它	它	它的	它（的）
一般人称	one			one's				

除了第二人称外，英语人称代词作主语与作宾语的形态完全不一样，而汉语却完全一样，这也是汉语缺少形态标志的一种体现，例如：

（1）His parents sent him to summer school where he spent his time sailing.

他父母把他送到暑期学校，他却把时间花在帆船上。

（2）Often when students shared their work with Gauss. he would tell them he had done it all before.

当他的学生把他们的工作告诉他时，他常常会跟他们说这些工作他早已做过。

代词的使用在英语中是显性的，这种显性特点体现在多种综合手段上；而在汉语中不仅使用频率低，而且蕴含一定的语用意义。如下例句：

（1）It was morning, and the merry sunbeams did glitter and dance in the snow; all tinselly were the treetops, and the happyfairies frolicked.

晴朗的早晨，欢快的阳光在雪地上闪耀舞蹈；林梢上金光万道，快乐的仙女们在玩耍嬉笑。

（2）It was stormy, and the tall pines did quiver and tremble in the gale; all dark were the streets, and the weary villagers slept.

暴风雨之夜，高大的松树在大风中颤抖；街道上一片漆黑，疲惫的村民们已沉沉入睡。

整体来看，这两个句子语法框架相同，即功能成分包括多种类型：

（1）冠词：the

（2）代词：it, all

（3）介/连词：in, and

（4）语法标记：-s, -ed

（5）词类标记：-y

（6）系/助动词：was, were, did

如果去掉"框架"只保留"肌肤",则是下列情形:

(1) morning merry sunbeam glitter dance snow tinselly treetop happy fairy frolic.

早晨欢快的阳光闪耀舞蹈白雪金色林梢快乐的仙女玩耍嬉笑。

(2) stormy tall pine quiver tremble gale dark street weary villager sleep.

暴风雨高大松树颤抖焦虑大风漆黑街道疲惫村民入睡。

当然,该类框架可以继续扩充或变形,见 ECPCPS 中的一个例子:

It was midnight but still hot, and the pavement cafes and bars around the busy main square were still crowded and noisy, mainly with holiday makers. Turning away from the square, he saw at the end of a narrow road the beacon he was seeking.

已经半夜了,可是天气还是那么热。而且广场周围的那些路边咖啡馆和酒吧里,仍然那么拥挤和喧闹。这些客人大都是来度假的游客。男人穿过广场之后转了一个弯,他看到窄路尽头就是自己要找的那盏灯光。

二、汉语隐性比较翻译

(一) 逻辑隐现

以意合法为特征的汉语倾向于省略关联词,有时为了使语义更加清晰,可以添加一些联加语(副词),如"就""也"等,一般情况下连词完全可以省略。汉语语句的逻辑关系主要体现在上下文或语序当中,很多时候,表示各种逻辑关系的词语不需要呈现出来。因此,汉语句子的逻辑关系"尽在不言中"。如果添加上来,反而破坏了汉语的简约对称之美。比如以下例句:

Water evaporates more rapidly when the temperature is higher than when it is low. It is the nature of water.

温度高蒸发快,温度低蒸发慢。这是水的本性。

(二) 标记省略

汉语属于分析语或孤立语,其特征是无论是标记名词的数、性、格,还是动词的时、体、态,都不需要词缀/尾变化。汉语多依靠"的、呢、吗、着、了、过"等虚词和词序手段来表示。例如:

（1）The new radar is so sensitive that it sometimes registers flocks of birds or swarms of insects.（名词复数）

这种新型雷达装置非常灵敏，以至于有时能显示出成群的鸟和昆虫。

（2）Cotton not only gives the banknote greater strength and stops it disintegrating in the rain and washing machines, but it changes the sound of the paper.（动词第三人称单数）

棉不仅能让钞票更强韧，不用担心会在雨中或洗衣机里分解，还改变了钞票的声音。

（3）He occupicd a desk in our office for six months.（所有格）

他在我们办公室工作了6个月。

（4）He eorked hard to pay for everything we needed.（时态）

他拼命干活，支付我们所需要的一切。

（5）The problem has not yet been solved.（被动）

这个问题一直没有得到解决。

（6）Atmospheric carbon dioxide, or CO_2, has been increasing steadily for decades.（完成进行体）

最近的几十年中，大气中的二氧化碳的含量不断增加。

（7）People also become taller in space because of microgravity.（形容词比较级）

在微重力状态下，人在太空中还能长高。

第三节　静态和动态比较翻译

一、英语静态比较翻译

一般而言，英语和汉语的一个显著差异在于英语倾向于多用名词，因而叙述呈静态；而汉语倾向于多用动词，因而叙述呈动态。因此英译汉时，常常把英语的名词译成动词。

一般说来，在造句时，英语倾向于撇开时间顺序，而着重于空间搭架，以主语和谓语动词为主干，视觉焦点聚集在谓语动词上。因此，英语思维是一种"焦

点透视",语句叠床架屋,是一种物理空间体,多使用介词来体现这种空间特征。例如:

(1) Distant sources of food are somehow sensed, and long lines, like tentacles, reach out over the ground, up over walls, behind boulders, to fetch it in.

当它们觉察到远方的食物时,于是,长长的队伍像触角一样伸出来,越过平地,翻过高墙,绕过巨石,去把食物搬回来。

(2) Many regions still have their old ways, connecting place to place, leading over passes or round mountains, to church or chapel, river or sea.

许多地区依然保有旧道,连结一地与一地,导引人通过关塞,绕过山陵,来到教堂或小礼拜堂,行至河流或海洋。

相比较而言,英语受制于主谓一致的形态框架,原文中大量原本应该由动词表达的概念,除了用非谓语动词来表达外,都借助了介词来表达。可以看出,英语运动事件顺空间结构,空间感知强。这不仅降低了动词出现的频率,而且削弱了动词所表达的意义,产生了动词的弱化与虚化,使英语的表达呈相对静态倾向。

(一)结构特征

谓语动词是英语句子的焦点,一般来说,句子当中谓语动词有且只有一个,用来表达行为的动词只能通过动名词、分词、不定式或其他词类表示,给人一种静态的感觉。而在汉语句子中,动词无处不在,句子结构往往依据动词所呈现的行为先后或逻辑关系而铺排开来,动态特点凸显。在英语多种句型中,静态特点的呈现尤以 There be 句型和系表结构突出。

1. 存在句型

There be 句型是英语语言中一种非常重要的句型,该句型有多种功能,如存在、右分支结构、非人称主语句等,另外一个重要的功能是体现英语名词化的特点,即静态特点。

很显然,There be 存在句型在英语中使用频率较高,翻译成汉语时译法也如出一辙,一般是将英语的平面静态结构译成汉语的立体动态结构。几个英汉翻译中静态和动态转换的例句如下:

(1) There's incredible debate over to what extent you can achieve these productivity goals without GM crops.

目前人们正在热议，如果没有转基因作物，我们能在多大程度上实现这些高产目标。

（2）There was another chase, and an uneven wrestling match which he easily lost.

两个男孩又重新展开一场追逐，不过黑发男孩很轻松就把他打败了。

（3）There were tall windows, long wooden tables, and formal portraits of eminent Princetonians on the walls.

餐厅镶着高大的玻璃窗，设有木制长桌，墙上悬挂普林斯顿显要人物的标准像。

2. 系表结构

首先，英语里表示心理或生理感觉的形容词及其他形容词也常常与弱式动词构成系表结构，表达相当于动词的意义，例如：

（1）Most scientists are scientists because they are afraid of life.

大多数科学家是因为惧怕生活而成为科学家的。

（2）People are largely unareare of the dangers of taking antibiotics. he added.

他还说，人们在很大程度上没意识到使用抗生素的危险。

（3）Like Newton, Leibniz was not content to spend his entire life working in mathematics.

与牛顿一样，莱布尼茨并不满足于始终研究数学。

（4）Charles Darwin was a man of great sensibility and kindness, devoted to his family, fiercely op posed to slavery, and considerate of others.

查尔斯·达尔文是个极为敏锐又仁慈的人，他为家庭牺牲奉献，强烈反对奴隶制度，对他人非常体贴。

（5）Beliefs that are alien to today's science persisted well into Darwin's era.

这些与现今科学不兼容的观点一直持续到达尔文时代。

另外一种系表结构为"系动词 + a/an + 名词"，其中名词多为带有后缀 -er 或 -or 的名词。这类名词多倾向表示一种行为或动作意义，而非一种身份，不能简单地和汉语词语"×者"或"×家"简单对应，例如：

（1）Rupert Murdoch (also the chairman of Sky), is a firm believer in the marriage of content and distribution.

Sky 广播公司董事长坚信电视节目内容与传播的方式和途径应有机结合起来。

（2）Adam Smith, too, was a lottery naysayer.

亚当·史密斯也反对乐透。

（3）You are a mind reader.

你拥有读心术的能力。

（4）Almost unquestionably the eagles so long studied by Mr Broley were predominantly fish eaters.

毫无疑问地，伯利先生长久以来所研究的鹰类，吃的主要是鱼。

（5）I was a born worrier and this made me more anxious than anything else.

从小我就杞人忧天，这番话更让我感到焦虑不已。

（6）True. But the mere act of not being a traitor is also a long way from agreeing to be an active helper.

没错。然而并非叛国者，绝不代表我会答应积极帮助你。

（7）This is a rare and valuable reminder to the rest of us that the English language does. not stand still any more than our other institutions.

这些罕见而有价值的东西，提醒我们大家，英语不是像我们生活中别的东西那样一成不变的。

（8）Buckle was a great talker, and I listened to him saying hardly a word, nor indeed could I have done so for he left no gaps.

巴克尔非常健谈，我聆听他时不用插嘴，事实上也没有插话的余地。

（9）This is the kind of job interview that's likely to be a deal maker or deal breaker.

这种面试的做法显然不是成局就是破局。

另外，此类名词不仅仅出现在表语的位置，作宾语或其他句法成分时也同样表达类似的动态含义，请看以下例句：

（1）A southerner, a narrow man and a hater, nominally a populist but closer to the Pitchfork Ben Tillman wing of the party than to that of William Jennings Bryan, Burleson soon had the post office stop delivery of virtually all publications.（主语补足语）

伯利森是一个心胸狭窄、睚眦必报的南方人，他表面上是一个民粹主义者，但是他更接近于蒂尔曼（Pitchfork Ben Tillman）而不是布赖恩（William Jennings Bryan）那一翼。伯利森不久就命令，停止递送任何出版物。

（2）On Sunday, February 8, Wilkins arrived to lunch and found that the Cricks had two other guests, eager listeners: Watson and Peter Pauling.（宾语）

2月8日星期天，韦尔金斯依约前来，发现在座还有两名客人，华森和彼得，都拉长着耳朵想听点东西。

（3）In Ecuador, the Jambato toad, a frequent visitor to backyard gardens, disappeared in a matter of years.（主语补足语）

在厄瓜多尔，火斑蟾（Jambato toad）是不时出现在后院的常客，几年之间便失去踪影。

（4）Gustave Solomon, the most humane of the group, later a coinventor of the Reed-Solomon code; Leopold Flatto, an inveterate people-watcher and storyteller.（同位语）

古斯塔夫·所罗门，这个小团体中最具人情味的成员，后来与人合作发明了R-S码；利奥波德·弗拉托，一个非常顽固地热衷于观察旁人和讲故事的人。

3. 虚化动词

英语do含义丰富，可以用作助动词，亦可用作实义动词，还可以用作虚化动词，和各种不同的名词（短语）的搭配也是英语静态化的一种重要表现形式，do和名词（短语）搭配主要有以下几种类型。

一是do+动名词，"do+动名词"是常用的搭配结构，搭配范围广，且灵活多变。比如，do和动名词之间可以加定冠词the或其他修饰成分，也可以省略。此外，do后除了接动名词外，也可以搭配以动名词为中心词的短语。如以下各例所示。

（1）Up to now, we did only sewing, but you can also do some surgery.

直至目前，我们只做了缝合，但也可以做外科手术。

（2）That proved that a soluble toxin did the killing.

这就证明罪魁祸首是一种可溶性的毒素。

（3）During the journey, she found herself doing most of the talking.

在旅途中，她发现自己在车上一直不停地在找话说。

（4）Most people are unfamiliar with this sector, but the person doing the buying plays a major and often global role in affecting a company's bottom line.

大多数人对采购行业并不熟悉，但是那些从事采购的人对于一个公司能否盈利来说却发挥着重要且往往是关乎全局的作用。

（5）Perhaps human evolution has proceeded a similar manner and our highly prized rational and analytical abilities are localized in the "other" brain—the one that was not fully competent to do intuitive thinking.

也许人的进化也经历了类似方式。受到高度评价的推理和分析能力定位于好像是"另一个"大脑里，是一个不能完全胜任直觉思维的大脑。

（6）If they want to do much reading, they must get glasses too.

他们要想阅读许多东西，也必须戴眼镜。

（7）The only thing special about royalty and aristocrats is that they can do the tracing explicitly.

皇族和贵族唯一与众不同的是：他们的家系可以明确地追溯上去。

（8）A professionally trained shopper takes your order, grabs a shopping cart, and does your shopping for you.

一名受过专业训练的代客采购员接过你的订单，很快找到一辆购物手推车，然后开始为你采购。

（9）The scope of our commission would be limited to investigating the accident, and our work might be finished before I was done committing suicide!

调查团的任务仅限于失事原因的研究，而且整个工作有可能在我完成自杀之前就结束了！

（10）I've done a lot of consulting in industry since then.

那以后，我广泛咨询了工业界。

二是 do + 派生名词，do 与派生名词搭配，可以起到弱化动词的作用，例如：

（1）So he did the calculation.

于是他进行了计算。

（2）If you decide to do an original investigation, there are numerous areas you can explore.

如果你决定要做一项原创性的研究，有大量的供你开发的领域。

（3）Since each processing element does an entire operation, the result is called "parallelism in space", to contrast it with the "parallelism in time" of pipelines.

每个处理元素完成一个完整的运算,称为"空间上并行",与流水线的"时间上并行"相对。

除了虚化动词 do 外,have 也常用来和抽象名词搭配,使英语的静态特点更明显,试比较:

(1) I suspected that there was a great deal of drama behind the confrontation.

我怀疑在这场面对面的争论之后有许多戏剧性事件。

(2) I had a suspicion that the antibiotics had eradicated the bacteria that plagued me.

我怀疑抗生素疗程消灭了导致我生病的细菌。

例(2)中的动词短语 have a suspicion 和例(1)中的动词 suspect 表达相同的概念,都是"怀疑"。派生作为一种常见的构词手段不仅仅使语言表达更为丰富,而且也是体现英语静态化、抽象化的一种重要方式。

三是 do + 普通名词,do 也会和一些普通名词进行搭配,表示涉及该名词的一些行为或者活动。例如:

(1) Sometimes they did loops.

它们有时绕出一个个圆圈。

(2) We did the music for dances.

我们给舞蹈配音乐。

(3) As he passed his thirtieth birthday he was doing no real science.

他过了而立之年后,还一直没能做真正的科学。

(4) In the end, giving up on a final theory won't make doing physics—or science—less exciting.

最后,放弃终极理论不会使物理学——或科学研究——使人丧失激情。

(5) You have a bunch of machines, a bunch of computer processors that are doing the analysis.

你有一堆机器、一堆计算机帮你进行分析。

(6) One mark on the rod will do the trick.

在杆子上做个记号就行了。

(7) I enjoyed the course so much that I stayed on to do a PhD in mechanical engineering.

我对这一学业相当痴迷，以至又接着攻读了机械工程专业的博士学位。

（8）Erdos first did mathematics at the age of three, but for the last twenty-five years of his life, since the death of his mother, he put in nineteen-hour days.

埃尔德什从事数学是从3岁时开始的，而在他生命的最后25年内，即自从他母亲去世后，他每天工作19小时。

（9）The Greeks did mathematics for the beauty of it.

古希腊人为了数学之美而研究数学。

（10）Did they do an MRI?

他们做核磁共振了吗？

（11）Thus the irritating chip or granule of silica or calcium carbonate was made to do duty in the service of man.

因此，有刺激性的小碎片的二氧化硅或碳酸钙的小颗粒便被用来为人类服务。

（12）Chimpanzees cooperate with unrelated chimps, do favors for them, and sometimes even make sacrifices for them.

黑猩猩会和非血亲的黑猩猩合作，互相帮忙，甚至为对方牺牲。

（13）Do you do the USA Today or New York Times crossword on the train?

你会在火车上玩《今日美国报》或《纽约时报》的字谜游戏吗？

除了使用虚化动词 do 外，have、take、make、pay 等普通动词也具有这种语法，例如 have a look，take a walk，make attempts，pay visits，do harm to 等，这既体现了英语静态化的特点，也能起到平衡句子的作用。

四是 do + 同源名词，英语中很多词身兼两职，即名动兼用，做名词时常常会和 do 搭配，表示相同的概念，例如：

（1）It wasn't the impact of the airplane that did the damage.

造成破坏的不是飞机。

（2）He would (in his enthusiasm at hearing the gramophone) do a march for a waltz or vice versa.

他会在兴奋之余，配着华尔兹踏步，或配着进行曲跳舞。

（3）The reporters are simply trying to help people know what's going on, and it doesn't do any harm to be courteous to them.

记者不过是帮着公众弄清楚世界上发生的事情而已，所以对他们彬彬有礼没有坏处。

（4）They have the resources to do cutting-edge work.
他们有足以进行最尖端实验的资源。

（5）Even just dropping to the floor and doing push-ups and sit-ups helps.
甚至干脆趴到地板上做俯卧撑或者仰卧起坐都会有帮助。

（二）词汇特征

从词汇角度来看，英语的静态特点表现在许多方面，其中最为突出的则是英语名词化现象。波特（Potter）指出，英语存在"名词优于动词"的倾向，即名词化的语法现象，主要是指用名词来表达原来属于动词（或形容词）所表达的概念，例如用抽象名词来表达动作、行为、变化、状态、品质、情感等概念。

从思维认知看，英语抽象名词丰富是由操英语这一语言的人的语言心理和逻辑思维所决定的。抽象思维被认为是一种高级思维，是文明人的一种象征。而且名词优势（尤其是抽象名词）在现代英语中大有方兴未艾之势。英语名词化现象主要体现在以下三个方面。

第一，英语含有丰富的构词词缀，其中一些动词通过添加构词后缀，如 -ity，-ness，-ance，-ation 等，构成抽象名词。这一方面体现了英语名词占优的特点，另一方面，从认知视角来看，容易形成概念化，体现了一种抽象复杂的思维。如以下各例所示。

（1）The crew of a Japanese fishing boat returned to port suffering from serious radiation sickness caused by fallout.
一艘日本渔船上的船员在返港时因遭受放射性尘埃严重侵蚀而身染疾病。

（2）Why did he prefer intellectual isolation to any compromise in these matters?
为什么在这些事情中他宁愿在知识界孤立不作任何妥协呢？

（3）Our interest is not advocacy, but clarity.
我们的兴趣不在倡导，而是要把真相说清楚。

（4）He had an edgy insecurity.
他敏感而缺乏安全感。

（5）And the tenacious pursuit of such hidden levers can payoff enormously.

而不懈探索这种潜在的可利用的东西使人获益匪浅。

在例（1）中，"sickness"为形容词sick的派生名词，意为being ill，"有病的，不健全的"，此处如果照搬名词可能会造成译文不够通顺，译者则跳出词语单位，将其更加灵活地翻译成动宾短语"身染疾病"，使译文表义明确而且生动简洁。除了形式上为派生类抽象名词外，有些表示抽象概念的普通名词也表达动态意义，见下例所示。

She achieved an international reputation in three different fields of scientific research while at the same time nourishing a passion for travel, a gift for friendship, a love of clothes and good food and a strong political conscience.

她在三个不同的科学研究领域都享有国际声誉，同时她热爱旅行，热衷交友，衣品不凡，享受美食，并且有极高的政治热情。

第二，名词词组使用频率也比较高。比如，love affair（爱情故事、恋情）若搭配非人称名词，常常用来引申为动词词义"喜爱、喜欢"等，见以下各例：

（1）Our love affair with fossil fuel, it turns out, has a foundation in physics.

其实，我们喜欢化石燃料有着它的物理学基础。

（2）It's a cliche that Americans have a love affair with automobiles. but it could also be said that our affair is really with the oil that makes the autos possible, or maybe with the refined oil called gasoline.

美国人对汽车情有独钟已经是老生常谈了，但也可以说我们真正爱的是开动汽车的油，也许是提炼过的汽油。

（3）Our love affair with fossil fuels ultimately derives from the fact that they are so cheap.

我们之所以偏爱化石燃料，归根结底是因为它们便宜。

（4）We have been having a love affair with gasoline not because it smells good, but because it has been very cheap and abundant.

我们一直在爱石油，不是因为它的味道好，而是因为它便宜而且丰富。

第三，英语词类转换非常灵活，一些英语动词可以灵活地用作名词。例如，have a look, take a walk, make attempts, pay visits, do harm to, get a feel 等。这种词类转换使语言表达手段更为丰富，同时也能起到平衡句子结构的作用。试比较以下各例：

（1）Our class toured the Johnson Space Center in Houston and visited other flight test centers.

我们这一班曾到休斯敦的约翰逊太空中心参观，也观摩了其他试飞中心。

（2）Backus took a tour of IBM corporate head quarters.

巴库斯参观了 IBM 公司总部。

（3）When Lord Byron visited the glories of Greece, he brought five servants with him.

拜伦勋爵寻访希腊的辉煌时，随身带了五个仆从。

（4）The FBI agents posed as book buyers and paid a visit to Mr. Blair.

联邦调查局成员便乔装成买家，上门拜访布莱尔先生。

（5）But my biggest problem was that I did not yet have a feel for how the ocean worked.

不过，最大的问题是，我还没体会到海洋是如何流转的。

（6）Scientists would feel a sense of purpose and inner satisfaction even if their efforts were not important to the world in which we live.

尽管有时社会上有人会认为，科学家所从事的某项研究对他们的生活而言并不重要，但科学家仍有一种使命感和内心的满足。

基于以上 6 个例子，我们观察到英语词类转换是一种常见的语言现象。再比如，以下例子都是动词用作名词：

（1）Although maintenance payments to his ex-partner were a drain, he was not in debt.

男人虽然必须定期支付赡养费给他的前任配偶，而且这项支出几乎把他手里的钱都榨干了，但他至少没有负债。

（2）A quarrel between Tepel and Amber is interrupted by Puist who attacks Amber.

有一次，特普尔与安波之间发生了争吵，普伊斯特对安波进行了攻击，从而使那场吵架中断了。

（3）The broadband race is on.

争先扩建宽带已然开始。

（4）Then Germany took a great gamble.

德国接着又赌了更大的一票。

（5）This book is an attempt to fill that space economically and to invite further curiosity about the making of early modern science.

这本书试图有效率地补充既有的解释，并进一步引发读者对现代早期科学成形过程的兴趣。

二、汉语动态比较翻译

（一）结构特征

汉语结构上的动态特征主要表现在两个方面：复杂谓语动词结构和动词句法功能灵活。

1. 复杂谓语动词结构

英语中的主谓关系主要存在三种模式：一是施动者与动作的关系，常为主动语态；二是受事者与动作的关系，常为被动语态；三是主题与述题之间的关系，多为系表关系。无论哪一种形式，都涉及主谓一致的问题。而汉语则不然，除了动词性谓语，还包括形容词性谓语和代词性谓语。其中动词性谓语也很复杂，一个句子里面经常出现多个动词（短语），如连动式和兼语式。下面是汉语译文中出现的复杂谓语动词结构：

（1）In those hours, the silky blossoms of the cereus cactus must do everything they can to attract pollinators, night-flying insects like the white-lined sphinx moth, which come to drink the flower's nectar.

在这几小时中，仙人柱丝缎般的花必须想尽办法吸引传粉者——像是白条天蛾这些夜行性昆虫——来喝它的花蜜。（连动式）

（2）Rarely a day passed by without someone asking me to install some new piece of software.

几乎每天都有人请我帮忙安装新软件。（兼语式）

（3）Then I taught them to push the box on the ground.

接着，我又教它们把盒子在地上推进。（连动式与把字式套叠）

（4）It's as if we incarcerated every petty criminal with zeal, while inviting mass murderers into our bedrooms.

这就好像我们很热心地把每一个轻犯都关入监牢中，而把杀人累犯请到我们的卧室来。（把字式与兼语式套叠）

（5）Muniz can unload Tugette's cabinet, press a green button, and send the machine rolling to its next delivery.

穆尼兹可以卸下塔姬橱柜中的物品，按下绿色按钮，再让机器人去执行下一项运送任务。（兼语式与连动式套叠）

2. 动词句法功能灵活

汉语动词及动词词组，包括连动式词组、兼语式词组，无须改变形式就可以充当句子的各种成分。如此一来，动词在汉语句子中似乎是无处不在了，请看以下例句：

（1）Finding new needs for those products comes third.

而为这些产品寻找新需求则再次之。

（2）He also hopes to tackle the more difficult problem of translating spoken Chinese.

他还希望解决更加复杂的翻译口头汉语的问题。

（3）Knickel, a German army officer, did not enjoy eating only space rations selected by others.

尼克尔，这名德国军官不喜欢只吃别人为他选定的太空配给食物。

（4）There is no use-by-date when we age, ageing is not a fixed biological process.

何时衰老并无定规，衰老并非固定生理过程。

（5）He kept on asking the same condescending question.

他带着优越感继续询问同样的问题。

（二）词汇特征

1. 动词词汇化丰富

语言词汇体系有这样一条规律：越是与人们息息相关的词语，其分工越细。汉语动词"拿"有众多的下义词，如持（枪）、执（剑）、握（笔）、端（碗）、秉（烛）、提（袋）等。这一细密的分工源于几千年前祖先的双手劳动，受益于社会发展所产生的文化背景，"拿"比起英语的 hold 或 grasp 更缜密、生动。

英语 carry 的动作含义比较笼统，而在 carry 语义下的汉语却有挑、担、抬、扛、搬、抱、携、揽、拎、挎、背、负、驮、荷等。然而，汉语的这些动词的上义词却发生空缺。Carry 的动作含混不清，汉语的这些动词不但动作的方式方法，所借助的工具，涉及的身体部位都很明确，而且动作的对象也相对比较固定，如荷锄、扛鼎、负荆、抱拳、携款、搬家、拎水、担柴、挑土、抬手、驮货、背筐、提箱、挎包、揽活等。这些汉语动宾搭配形象逼真，使人静思如见其影，静听如闻其声。汉语动词上义词的空缺现象大概出于动词分工过于入微，难于"一言以蔽之"的缘故。

2. 叠式动词频率高

汉语动词的重复或重叠，以及与此相关的句式（排比或对偶），都可以明显地加强汉语动态感的表现力。而英语动词一般不能重叠，也较少重复，甚至常常在需要重复的地方省略。相比之下，汉语动词出现的频率就更高了，比如汉语动词"看"，叠式搭配非常灵活，见以下各例：

（1）He looked at it and looked at it and got a butter knife.

他看了又看，然后拿了一把切黄油的刀。

（2）Gorilla did not even look at Monika; she continued to stare in the opposite direction.

格律勒甚至连看都不看莫妮卡，她老是朝相反的方向看。

（3）The sixty-five people glance around at one another and see nothing close to a year's offering of days represented, and they're dubious.

65名学生左看右看，看不出是谁与自己的出生日期很接近，对老师的话保持怀疑。

（4）In an anonymous PBS interview, he professes, "I was just looking around, playing around."

在美国公共电视网的一次匿名专访中，他坦承："我当时只是随便看看，随意玩玩。"

三、静动转换

鉴于以上所讨论的英语重"静态"，汉语重"动态"的语法特点，在翻译实践中就涉及动静转换的问题。一般说来，英译汉的过程常常是由静态转为动态的过程,在语言层面主要表现在词性转换。词性转换主要是指句子内部成分转换,即英语原文中由名词、介词短语、形容词、副词所充当的句子成分译成汉语动词,使句子成分发生了由静态到动态的部分转换的情况,伴随着这个转换,句子成分也会发生变化。

(一)名词译成动词

英语名词译成汉语动词在英译汉中是一种常见的翻译手段,几乎任何一类名词(抽象名词或具体名词、派生名词或普通名词)都可以灵活地转换成汉语动词,如以下各例所示。

(1) For all these reasons, my presence in the physics library and at dinner, my conversation and my appearance, would all be quite foreign.(抽象派生名词)

有这些原因作背景,我又是出入物理系图书馆,又是参加晚宴,加之我的言谈和外貌特征,怎能不让他们感觉十分异样呢?

(2) The brain is an energy hog.(具体简单名词)

大脑是耗能大户。

(3) The research lends powerful support to the suspicion that virtual violence could be one of the factors behind the surge in crimes of aggression involving young people.(抽象简单名词)

涉及青少年的暴力犯罪事件屡屡发生,虚拟的暴力可能是这种现象背后的因素之一,此项研究极其有力地支持了这一观点。

(4) They are not necessarily a revelation.(抽象派生名词)

也不一定能够揭露什么真相。

此外,英语名词词组也常转化为含有汉语动词的动宾或主谓词组,例如:

(1) But it must be gradual when it is being used to explain the coming into existence of complicated, apparently designed objects, like eyes.

但是,在使用进化来解释像眼睛这样复杂的、显然设定好的物体是怎样成为现实时,它必须是渐进的。

(2) But progress in the field has been slow for two reasons: the fear of new viruses being transmitted from pigs to humans and the almost certain rejection of the transplanted organ.

但这一领域的进展因为两个原因而缓慢，其一是担心新的病毒可能会由猪传给人，其二是因为器官移植中几乎肯定要发生的异体排斥。

（二）介词译成动词

1. 独立介词

具体而言，独立介词包括两大类，第一类多为本义，其搭配名词多为具体名词，见以下各例：

（1）From there he traveled by stagecoach for four hundred and fifty miles only to reach a train, then by train for another twenty-five hundred miles.

从那里，他搭马车走了450英里，只是为了赶上一列火车。然后又是近2 500英里的行程。

（2）The DC-3 shook as it droned past the desert and mountains toward the opaque Pacific and water-colored sky.

DC-3式飞机的机身抖动着，发出低沉的轰鸣声，越过沙漠和山脉，飞向幽深的太平洋，飞向与海水一样颜色的天空。

（3）He was in his mid-thirties, with perfectly worn denim jeans, a blue plaid shirt, and shaggy light brown hair.

他三十五六岁，穿着磨得很旧的牛仔裤和蓝色格子衬衫，留着浅棕色的乱发。

（4）By their worldwide communication, scientists thus contribute importantly to foster a peaceful coexistence of humans.

因此，科学家通过国际交往，对推动人类的和平共处作出了重要的贡献。

（5）With the icy Arctic Ocean to their north and the Norwegian Sea to their west, Scandinavians have been known as hardy seafarers.

北临冰封的北冰洋，西濒挪威海，斯堪的纳维亚人以勇敢的水手闻名于世。

根据以上例子，我们发现英语中大多数以静态为特点的介词都译成了汉语丰富多彩、活灵活现的动词（短语）。

第二类介词与第一类介词不同的是，这类介词在语义上有一定的引申义，其所搭配的名词多为抽象性名词。例如：

（1）It is a human activity leading, through error, to improved understanding, but never to certainty.

它是一项人类活动，通过错误不断提高认识，但永远达不到终点。

（2）Herman Daly says that humanity is already at or beyond the point where economic growth is counterproductive, where the environmental and social costs more than cancel the gains.

赫尔曼·戴利认为，人类已经到达或超越了经济增长产生反作用、环境和社会成本超过抵消收益的临界点。

（3）Over the next few months Charlie was slowly weaned off the drugs used to prevent rejection until, at six months after the transplant, he was off all of the medications.

在接下来的几个月里，查理逐渐停止服用抗排斥的药物，到移植后满六个月时，他已完全停止用药。

2. 介词短语

介词和一些名词形成固定短语，关系密切，稳定性强，也常常表示动态的意义，例如：

（1）A short orbit means that the planets in question are much closer to their stars than Earth is.

轨道短意味着讨论中的行星比地球要离它们的恒星更近。

（2）Millions of the people in the mountainous areas are finally off poverty．

千百万山区人民终于摆脱了贫穷。

（3）I used the last of their gasoline in pursuit of a guest.

为了追逐访客，我用尽他们最后一滴汽油。

（4）It's a work in progress so we are always going to need to do better.

这是一项仍在推进的事，所以我们一定要越做越好。

（5）Al Gore characterizes the claim that humans are responsible for global warming with these words: "The evidence is overwhelming and undeniable."

阿尔·戈尔就人类对全球变暖负责的言论说过这样一句话："证据是压倒性的，也是不容否认的。"

（6）It was carried into orbit by NASA in 1990 and remains in operation.

它于1990年由美国航空航天局送入轨道，至今仍在服役。

（7）In sequels, Oz's true ruler is discovered; it turns out to be a girl named Ozma, who spent her youth under a spell.

在续集里，奥兹的真正统治者被人们认出来；是一个名叫奥兹玛的姑娘，她年少时中了魔法。

（8）The orthodox niche theory had been severely under attack since 1977.

自1977年以来，正统生态位理论受到猛烈的抨击。

（9）Along the way we passed dozens of skyscrapers under construction.

沿途我们经过几十栋尚在兴建的高楼大厦。

（10）Swallows darted swiftly between them in search of prey.

燕子轻盈地穿梭于石间觅食。

（11）The woman produced a daughter from her accident while she was still at school.

那名女性在求学期间"意外"生下一个女儿。

（12）Numerous cases have been reported in which the Internet was blamed for broken marriages, for students dropping out of school, and even for illnesses that result in hospital stays.

已有新闻见诸报端，报道了有关指责互联网破坏婚姻、导致学生退学甚至使人生病住院的许多事例。

（13）Two letters from Pasadena that week brought the news that Pauling was still way off base.

那个星期，从帕萨迪纳来的两封信都谈到了鲍林的碱基对仍无眉目。

（14）That's why some people, after taking off the 3D glasses, have horrible headaches and can be disorientated, because things are off balance because their eye muscles have been strained watching the movie or TV show.

那就是为什么有些人在摘下3D眼镜后，感到头剧痛，并失去方向感的原因——因为观看3D电影或电视节目时会导致他们眼部肌肉痉挛，身体失去平衡。

介词译作动词是非常普遍的。比如，在例（13）和例（14）两例中，介词off或介词短语在语义上表达一种行为或动作，这也正是英语语言的独特之处。在翻译成汉语时，这些结构都相应地进行了动态处理。

(三)副词译成动词

首先,英语中有一类副词是脱胎于介词,即形式上为介词,在句法中却发挥副词的作用,可以独立使用。这类动词常常表达动态的意义,例如:

(1) If not, you're off to the store for a new one.

否则,就赶紧去店里买部新的吧!

(2) This is the fundamental difference between digital and analog: A digital valve is either on or off; an analog valve, like your kitchen faucet, can be anything in between.

这就是数字与模拟最大的不同点:数字活门不是开就是关;而模拟活门就像厨房的水龙头一样,可以任意控制水量的大小。

(3) I used to stumble my way through the Florio translation, hard going because of the antique language but worth all the trouble nonetheless, until the Donald Frame version in American English came out, and I was off and running.

我曾经磕磕绊绊地读过弗洛里奥的译本。那个本子由于文字古老而极其难啃,可费的事还是值得的。直到唐纳德·弗雷姆的美式英语本面世,我的阅读也起步腾飞。

(4) Her partner was out, the house was quiet, and she had at least two wonderful, peaceful hours entirely to herself.

她的配偶出门去了,家里非常安静。从现在起,至少有两小时完全属于她一个人,悠闲又难得的两小时。

(5) When the time came to do accurate astronomical science, Newton was out and Einstein was in.

涉及精确的天文学时,牛顿的位置已被爱因斯坦取代。

(6) Don't turn your back on friends who are down and out.

朋友潦倒时,不要背对他们。

另外,还有一些副词,它们构成的过程是先由动词构成分词或形容词,再由分词,形容词+ly构成副词。这样的副词本身具有某种动态性,所以在汉译时可以转换成动词。作状语时可加"地",作补语时在前面加"得"。有些虽不是由动词而来的副词,也不是由形容词构成的副词,但到汉语里有时也得用动词。副词译成动词,也使句子的一部分由静态转变为动态,如以下例句所示。

（1）I spent the next few days wandering the house aimlessly, thinking mostly about my brother, and only occasionally about the astronauts on their way to the Moon.

往后几天我都在家里漫无目的四处徘徊，多半时候都惦念着我的哥哥，只偶尔想起那批飞往月球的航天员。

（2）This is why his book, first published in the year he died, 1543, is such a landmark and is eagerly sought by collectors.

这本书在他过世那一年（1543年）才出版，但开启了一个全新的时代，因此收藏家才会争相收藏。

（四）形容词译成动词

英语形容词作表语或定语时，如果译成动词，将会使整个句子由静态转变成动态，其中，作定语的形容词主要是由含有动词词根或是由分词形成的形容词。这些形容词虽然具有某种动态意义，但它们在作定语时是静态的，被译成汉语动词时，由静态变成动态，例如：

（1）But those other worlds—promising untold opportunities—beckon.

但那些未知的世界，承载着无限机遇——召唤着我们。

（2）Thus, each chromosome that is passed on is a shuffled version of Mom's and Dad''s chromosomes, with the shuffling detectable through the patterns of the variable beads.

因此，每条遗传给子女的染色体都是父母染色体的重组版本，其中的重组情形可从各种珠粒的排列模式看出。

此外，其他一些形容词或由动词派生而来，或者是一般的形容词在上下文中也表示动态意义，译成汉语时，考虑到汉语的表达习惯，也常常译成动词，例如：

（1）We are survival machines-robot vehicles blindly programmed to preserve the selfish molecules known as genes.

人只是延续生命的机器——像是由计算机程序所盲目控制的机器人载体，只为了保存被称为基因的这种自私的分子而活。

（2）we bring you the fastest, the deepest, the coldest, and the hottest, drawing in some of the smallest details of their lives but also painting the backdrop of their role in the oceans.

本书将介绍速度最快、潜居最深、最抗冻和最耐热的物种；书里不但描写它们生活当中的细枝末节，同时也包括它们在海洋当中扮演的角色。

（3）Throughout his life he would fearlessly defy "Fascist" authorities of every stripe, be they armed thugs, mindless university bureaucrats, the U.S. Immigration Service, the Hungarian secret police. the FBI, Los Angeles traffic cops, or the SF Himself.

纵观埃尔德什的一生，他藐视各种法西斯权威，无论是武装暴徒、还是不学无术的大学官僚、美国移民局官员、匈牙利秘密警察、美国联邦调查局、洛杉矶交警，即使是皇帝也不例外。

另外，做表语的形容词，尤其词根为动词的派生形容词也往往表达动态含义，例如：

（1）One set of unchanging wavelengths is characteristic of water, another is indicative of vegetation, and so on.

一组不变的波长是水的特征，另一组是表示植被的特征，等等。

（2）His words were suggestive of his determination to finish the tough job on schedule.

他的一番话表明他决心按时完成这件棘手的工作。

（3）What lies beneath the sea is more intricate, compelling, and fascinating than the storm-whipped sails of literature or the sensational fear mongering of Shark Week television.

海平面以下的故事，要比文学作品描写的惊涛骇浪航行之旅，或是"鲨鱼周"这种制造恐惧的煽情电视节目来得更加扑朔迷离、引人入胜、趣味盎然。

（4）It is crucial that manufacturers and legislators are supportive of these plans and work together to protect the hearing of a generation of music lovers.

关键是播放器制造商和立法者要支持这些计划，共同保护这一代爱乐者的听力。

（5）I am very thankful to Brette for his encouragement, and for his cooperation in transcribing the tapes, as well as for the drawings and figures which are due to him.

我非常感谢布雷特，感谢他的鼓励，感谢他在记录录音以及绘制插图方面的合作。

（6）The woman was demure, sympathetic and maternal.

女人则腼腆、富有同情心，同时也极具母性。

此外，英语中存在大量的连字符号的复合式形容词，在翻译此类复合词时，也常常转换为汉语动词短语结构，例如：

（1）There is an element of chicken-and-egg paradox here, but it is not insuperable.

现在，我们有了一个"鸡生蛋，蛋生鸡"的矛盾，但它并不是一个解决不了的难题。

（2）Christoph pulled the handle of a white floor-to-ceiling freezer, and it opened with a hiss, releasing a cloud of steam into the room.

克里斯多夫走向一台顶着天花板的白色冷冻库，转动手把，冷冻库应声打开，吐出一阵白雾。

（3）The chapters to come follow a sip of booze on a birth-to-death journey via your tummy.

接下来的章节将是对啜饮下肚的酒精饮料做的一场由生至死的编年记述。

（4）During the war, Cliff tracked icebergs in the waters that claimed the Titanic, in a life-and-death struggle to save convoys bound for Britain from submarine attacks.

第二次世界大战期间，克利夫在"泰坦尼克号"沉没的海域追踪冰山，在生死攸关的险境下，帮助前往英国的护卫舰避开潜艇的攻击。

第四节 主语和主题比较翻译

一、英语主语凸显

主语是英语句子必不可少的成分，和谓语一起形成句子的核心架构，在此基础上添枝加叶。比如下面一个例子：

再走几步就到酒店了。

译文1：You'll arrive at the hotel within a few steps.

译文2：A few more steps will bring you to the hotel.

译文 3：The hotel is only a few steps away.

译文 4：The hotel is within a few steps.

汉语原文中并没有出现主语，不过在逻辑上可以推断出是"人"才能到达酒店。而相应的英语译文则无一例外地添加了主语，要么是"人称主语"，要么是"非人称主语"，充分体现了英语完整的主谓结构造句特征。下面将从四个方面进一步探讨英语主语凸显的句法特征。

（一）主谓提挈

一般来说，英语句型可以归纳为七种基本句型。以下以英语动词 leave 为例，句型如下所示。

第一种：SV（主语 + 谓语）

And then we left.

然后我们就离开了。

第二种：SVO（主语 + 谓语 + 宾语）

I left the University of Washington in 1969 to work full-time in New York City.

1969 年，我离开华盛顿大学，接下在纽约市全职工作。

第三种：SVC（主语 + 谓语 + 补语）

You'll be left empty-handed.

此时，你两手空空，无计可施。

第四种：SVOO（主语 + 谓语 + 间接宾语 + 直接宾语）

My father left me his words.

老爸留下了一些话给我。

第五种：SVOC（主语 + 谓语 + 宾语 + 补语）

Hunger scarred his legs and left his hair copper colored.

饥饿在他腿上留下了疤痕，他的头发变成古铜色。

第六种：SVA（主语 + 谓语 + 状语）

I'd really like to be left alone right now.

我现在确实想独自一人好好想想。

第七种：SVOA（主语 + 谓语 + 宾语 + 状语）

Nothing has left a more vivid picture on my mind than these evenings at Maer.

在梅尔这些夜晚的记忆历历在目。

综观以上七种句型，其交集表现在都存在主谓机制。无论多么复杂的英语句子，都要具备主谓结构，这是不可或缺的。

（二）词类同质

主语对于英语句子具有某种决定性的语法功能，对动词等其他成分的形态变化具有制约性。主语必须是名词性的词（语）或名词性分句，代词必须用主格。如下例所示。

It was a simple question that went to the heart of life as Yali experienced it. Yes, there still is a huge difference between the lifestyle of the average New Guinean and that of the average European or American. Comparable differences separate the lifestyles of other peoples of the world as well. Those huge disparities must have potent causes that one might think would be obvious.

在上段文字中，主语包括代词（it，there，that）、名词（question，disparities，causes，名词短语（comparable differences）。英语作为一种形合语言，主语是句中不可缺少的成分。除了一些明确的主语外，常常需要形式主语（通常由 it 或 there 充当）或泛称主语（如 one，you 等）。

上面英语原句中的几个主语都是名词性的，因为只有名词性的词语，才有数的概念和范畴，才能与动词谓语形成一致，从而构成 SV 提挈机制来统领全句。相比之下，汉语语法对语义依赖性高，其结果是句子构造弹性大，句子成分模糊性高，尤其表现在主语的词类上。汉语主语语法范畴较泛，有很大的词类兼容性，而不必是名词性的词语。请看以下例句：

（1）Winter is a time of spare beauty.
冬天有一种简朴的美。（名词）

（2）Practicing writing actually helps kids read.
练习写字其实能够帮助儿童阅读。（动宾短语）

（3）It requires 6 pounds of grain to produce one pound of chicken meat.
生产 1 磅鸡肉需 6 磅谷物。（动宾短语）

（4）You can't run faster than a certain limit.
人跑步也有速度的极限。（主谓短语）

(5) The blessings of civilization are mixed.

文明是福是祸实在难说。(主谓短语)

(6) One-half pound of DDT was sprayed to the acre.

每一英亩喷洒半磅 DDT。(状语)

(7) There is no escape for him this time.

这一次它可逃不了了。(状语)

(8) But a cooperative venture among the United States, Russia, Japan, and China might be feasible.

由美国、俄罗斯、日本、中国采取联合行动，也许是可行的。(介词短语)

鉴于汉语译文中缺少对谓语动词的形式及形态的约束，将之称为"话题"比较妥当，这是汉语主语和英语主语的一个本质区别。我们将在下一节进行讨论。另一方面，相对于英语的谓语只有一种，即动词谓语，汉语的句子中却有四种谓语结构。

第一种：汉语动词谓语句。

(1) An Austrian-born chemist came to England in 1936.

这位化学家出生于奥地利，1936 年来到英国。

(2) The rainbow is a collection of circles.

彩虹是许多圆形的集合。

(3) The time is now ripe.

时机已成熟。

第二种：汉语名词谓语句。

(1) The year is three hundred and sixty-five days long.

一年 365 天。

(2) The average is $600 a week.

平均薪金每周 600 美元。

第三种：汉语形容词谓语句。

(1) She is annoyed.

她很生气。

(2) Which argument is correct?

哪个论点正确呢？

第四种：汉语主谓谓语句。

（1）Canadians, with a much smaller population are well-known for their vast productive prairies.

加拿大人口稀少，辽阔的草原物产丰富。

（2）Chemical fertilizers and pesticides are used on most Chinese farms.

中国大多数农田都是用化肥和杀虫剂。

（三）性质等立

英语主语不具备并存性，受事者可以做主语，但不可能同时又有施事主语，受事者作主语时，对谓语动词有一定的约束，即多用被动式，而施事者只能处于介词短语中。英语句子可以有并列主语，并列主语在性质上必须是等立的，即"施事＋施事"或"受事＋受事"，施事主语和受事主语不能支配同一个谓语动词。例如：

（1）The firm's bread and butter was the production of punched card machines for businesses and government.

这个联合体的支柱便是商业和政府用的穿孔卡片机产品。

（2）Not only IBM, but Intel, Motorola, and most other computer companies support this idea of standardized instructions.

除 IBM 以外，英特尔、摩托罗拉和大多数其他的计算机公司都支持这种指令标准化的思想。

（3）He and I got along amazingly well from day one.

我和他从一开始就相处得极其融洽。

汉语中，主语的属性复杂多样，不像英语那样具有"排他性"。汉语的主语可以是施事和受事的并列，亦可以是工具和施事的并列，或者其他复杂的情况，如大主语和小主语的并用等。请看以下例句：

About half the water we use in our homes is diverted to the lawn and garden patch.

我们家庭中使用的水约有一半是用来浇灌草坪和花园的。

在汉语译文中，出现了大主语"我们家庭中使用的水"和小主语"约有一半"并用的情况。

二、汉语话题凸显

汉语句子结构话题凸显表现在很多方面。首先，在汉语中，主语有时可省略，而在英语中主语却是不可或缺的。请看以下例句：

（1）These people are said to have Internet addiction disorder (IAD).

这种人据说患有互联网沉溺症（IAD）。

（2）This is said to be the new drift.

据说，这正是时下的新趋势。

（3）The Earth was said to be two billion years old.

据说地球已有 20 亿岁年龄。

（4）There must be some new prime.

必定存在某个新的素数。

（5）No two snowflakes are exactly the same.

从来没有两片雪花完全一样。

（6）It is hard to imagine an actual world without time.

很难想象一个没有时间的现实世界。

（7）Nothing but chance is operating.

纯属偶然。

在英语句子中，无论是名词短语（如 these people），还是形式代词（如 it），引导词（如 there），还是指示代词（如 this），都是英语句型必不可少的一个部分。而汉语译文中则可以没有主语，在以上英语句子的译文中，主语都省略了。因此，汉语的主语并不像英语那样不可或缺，很多时候，汉语的主语是隐而不表，汉语句子中常出现主语的省略。

（一）共指性话题

1. 空位性话题

空位性话题是指话题的句法论元成分在句法位置上为空位，如以下各例：

（1）We spent about two more hours together talking about the work ahead.

眼前的事项我们大概讨论了两个小时。

（2）The risks are underestimated.

生态危机被我们低估了。

（3）There's plenty of technology available to clean up water.

大量的科技手段我们可以用来净化水。

（4）The plan was finished on time.

计划如期完成。

（5）But he catches himself, too, and makes amends.

这一点他自己也知道，并且设法改正。

（6）I could have gone pretty much everywhere.

我几乎每处都去过。

以上 6 例的翻译都采用了话题凸显的汉语结构。论元共指话题（"眼前的事项""生态危机""大量的科技手段""计划""这一点""每处"）在语义上表现为受事，在句法上表现为宾语这个论元成分所占的句法位置存在空位。

在语义上为受事的汉语共指性话题中，还有两类特殊的结构，"把"字句和"被"字句。下面重点讨论"把"字句，从逆向视角来探讨汉语"把"字句的翻译策略。有以下四种类型。

第一类：主动句。

大多数汉语"把"字句对应的是英语主动句，结构上基本表现为"受事"的宾语化，如以下例句：

（1）You call your son, who rushes to drive you to the hospital.

你把儿子叫来，他赶紧开车送你去医院。

（2）One night, on her way home from a party, she threw away her glasses for no reason.

有天晚上，她在派对结束回家的路上，没来由地把眼镜扔了。

以上两个例句中，汉语"把"字句对应的英语原文都是主谓宾结构。有时候，汉语"把"字句结构较为复杂，因此在英语中的对应情况分为两类，第一种情况是结构对应，比如英语采用动补结构，例如：

（1）But others simply regard human missions to Mars as part of our manifest destiny the next great adventure awaiting humanity.

但另一些科学家仅仅把人类的火星飞行计划当作我们面临下一次冒险的命运的体现。

（2）Metchnikoff attributed this good health and vigor to his diet.

梅奇尼可夫把他的健康和活力都归功于饮食。

第二种情况为化繁为简，采用"谓词+宾语"。在这种情况下，英语对应的动词词汇化程度一般都比较高，例如：

（1）Female smokers are thought to be less affected because they do not breathe in the smoke so deeply.

女性吸烟者所受影响较小，因为她们不把那些烟雾深吸入肺。

（2）You can find people who will tell of how the drugs have ruined their lives.

有人会告诉你药物把他们的生活搞得一塌糊涂。

（3）After doing a rapid survey of reports of long-lived people, he zeroed in on yogurt, the soured milk favored by Bulgarian herdsmen, among whom there were said to be many centenarians.

他快速浏览了关于长寿老人的报告之后，把目标锁定在酸奶上，也就是保加利亚牧羊人偏爱的酸奶，据说那里有许多百岁老人。

英语祈使句也较为常见，表明说话者希望听者去做某种行为的意思。在翻译成汉语时，主语不出现，使用汉语"把"字句也是一种策略，如以下例句：

（1）If there is not much light outside, open the lens diaphragm wide.

如果外界光线不足，就把镜头光圈调大。

（2）When you're done, tape your chart to the wall.

等你完成以上的工作，就可以把你的分类表贴到墙上啰！

（3）Spread everything out on the floor.

把所有东西都散放在地上。

类似例（1）的翻译是最平直的一种语气。英文后半句是带有祈使意味的话语，但是直接译成"调大镜头光圈"会太过命令式，出现在科普文章或读物中不太合适，而"把"字句就能很好地弱化这种命令感，同时表达出原句的意思。例（2）则更是增加语气活泼度的体现，后半句同样是祈使意味的语句，但译文使用了"把"字句，使用了"可以"，使用了"啰"感叹词，使科普文章非常亲民和生动，全然没有枯燥乏味之意。而在例（3）中，中文"把"字祈使句很多时候就代表了说话者对听者的一种委婉的要求和命令，尤其是没有人称和指示代词的情况下，所以英译时可以考虑翻译成祈使句。有些时候，汉语译文中"把"字句的受事也表现为主语化，例如：

We will support your programme, but only if Mayis is not part of the coalition.

我们将会支持你们的计划，条件是必须把梅依斯赶出联盟。

在上例中，"Mayis"为英语句子的主语，其后为系表结构，呈静态倾向，而汉语译文中，进行了结构转换，"把"字把英语的主语转换成了受事，使用动词"赶出"，使汉语的动态化更为明显，再例如：

My alarm clock is fifteen minutes in advance.

所以才把闹钟调得早15分钟。

第二类：名词化短语。

汉语多使用动词，呈动态性；英语则相反，多使用名词，呈静态性。英语的名词短语常常对应汉语"把"字句结构，例如：

（1）In our attempts to avoid technical jargon and simplify complicated situations, we have a proclivity for scart-sounding caricature.

在我们把复杂的情况简化的同时，我们很容易把情况讲得太恐怖。

（2）Between 1967 and 1972, the U.S. air force carried out "Operation Popeye", the first use of weather as an instrument of war.

1967年至1972年，美国空军发动了"大力水手行动"，第一次把天气当作一种战争手段来使用。

第三类：被动句。

被动句也是英语中常见的一种句式，主语表示谓语动词的被动者、受事者，而不是主动者、施事者。因此，英语被动句常常更强调放在动词前面的部分，是语义的重点。但如果中文完全根据英语的行文思路翻译成被动句，有时就会出现生硬的情况。例如：

（1）Wald's recommendations were quickly put into effect.

军方马上把沃德的建议付诸实施。

（2）A smart-phone is passed around the group.

我把智能手机拿给大家轮流观看。

（3）If a "religion" is defined to be a system of ideas that contains unprovable statements, then Godel taught us that mathematics is not only a religion, it is the only religion that can prove itself to be one.

如果把"宗教"定义为包括无法证明的观念的系统，那么哥德尔向我们证明了，数学不仅是一种宗教，而且是唯一能证明自己是宗教的宗教。

（4）School officials called police and she was rushed off to a hospital.

校方人员打电话通知警察，紧急把她送医。

（5）The development of modern science, for example—often heralded as the work of "isolated geniuses" such as Galileo and Newton.

例如，大家常把现代科学的发展视为"个别天才"的成就（譬如伽利略和牛顿）。

以上英语原句都是很典型的被动句。若是直译，中文则为"沃德的建议被快速付诸实践"，依次类推。类似于这样的中文最大的问题并不是不通顺，是缺少施动者，缺少上下文的话会造成理解困难，这也是古汉语省略精简难以读懂的原因。现代汉语则比较讲究通俗和语义完整，因此"把"字句可以很好地带出动词的施动者，让中文变成主动的形式。这其实也就符合顺应论中的一个研究维度，即"语境关系顺应"。语言语境中的顺应特别注重上下文的衔接，所以利用"把"字句连贯上下文是一种比较好的选择。

Shown the image of the man with the tracheotomy, teenager James Conner says it would prevent him from lighting up.

把做过气管切开术的男人的图像展示给十几岁的詹姆斯·康纳后，他说这会阻止他点燃香烟。

尽管"把"字句对应的是英语被动句，然而受事并没有呈主语化，而是作补语。

第四类：介词短语。

（1）The message is that physicians need to talk to their patients about this.

医生必须把这点告诉给病人。

（2）He was eager to write a book about all his new discoveries.

他迫不及待想要把这些新奇发现撰写成书。

（3）The military came to the SRG with some data they thought might be useful.

军方把认为有用的数据交给 SRG。

2. 复指性话题

复指性话题是指话题的论元成分在句法位置上复现，例如：

（1）The nail had a wire.

铁钉有一根电线缠着它。

（2）Chytrid fungi are nearly ubiquitous; they can be found at the tops of trees and also deep underground.

壶菌几乎无所不在，树顶与地底深处都找得到它们。

上两例的英译汉策略同样选择了话题—说明式结构。论元共指话题（"铁钉"和"壶菌"）在语义上皆表现为受事，在句法上表现为宾语这个论元成分所占的句法位置存在复指，即"它"和"它们"。论元共指性话题结构还有一类，即话题在语义上表现为施事，在句法上表现为主语论元成分所占的句法位置存在复指。特别值得一提的是，这类复指常为指示性代词或指示性短语。例如：

（1）The fact that he is likely to get killed soon after he leaves the nest does not change the calculation.

在他离巢之后很可能被杀死这件事，不会使计算发生什么改变。

（2）Even the definitive European discovery of the Americas was in away its by-product.

甚至最后欧洲人发现美洲这件事，从某种意义上讲也是它的副产品。

（3）Now, I have a way of not remembering things when I do something dumb or annoying to people, so I forget what I said that put him out.

我这个人总是忘记自己做的傻事，现在也记不清究竟说了什么又蠢又不得体的话。

（二）语域式话题

1. 时地语域式话题

话题为述题提供时间、处所方面的语域，这在汉语中是很常见的语义类别。比如，鲁迅在《狂人日记》中的一句话：

今天晚上，很好的月光。

The moon looks pretty up there tonight.

在英语中，这些时间和地点状语常常是后置的，用作状语；而汉语却常常可以置于句首，用作话题。更多的例子如下：

（1）There is the taste of salt in the air.

空气中有盐的味道。

（2）The thrush in my backyard sings down his nose in meditative, liquid runs of melody, over and over again, and I have the strongest impression that he does this for his own pleasure.

我家后院，画眉低首唱着如思如慕、流水般婉转的歌曲，一遍又一遍，我强烈的感觉是，它这样做只是自得其乐。

（3）To the west the boundary is the escarpment of the definitive Tibetan high mountain block.

它的西部边界是明确的西藏高山地块的陡崖。

（4）It had not rained on Mars for eons.

千万年以来，火星上没有下过雨。

在翻译以上几例时，把地点状语都转换成了汉语处所式话题。

（1）There've been times when I was receiving no salary at all.

过去的一年日子不好过，有时我一分钱工资也拿不到。

（2）In the 19th century the steamship and the railroad fostered the first rapid expansion of travel for a new purpose: leisure curiosity.

19世纪汽船与铁路的发明促进旅游业为满足一个新目的——人们闲暇时的好奇心而开始了第一次迅猛发展。

（3）A bright circular halo sometimes surrounds the moon on winter night.

冬季的夜晚，月球周围有时会出现明亮的晕圈。

以上几例的共同点是英语中的时间状语在汉译时都变成了汉语句子的话题。

2. 领格语域式话题

领格语域式话题在意义上是谓语动词主语的领格，最常见的意义关系是话题跟主语有整体与部分的隶属关系，例如：

（1）Built for hard pulling, the Husky has a deep wide chest, thick neck and iron-hard legs.

爱斯基摩犬胸部宽厚，脖子粗大，四肢壮实，生来适于拖拉重载。

（2）Golden frogs have long, skinny limbs, pointy snouts, and very dark eyes, through which they seem to be regarding the world warily.

金蛙四肢又细又长，尖吻，深黑色的眼睛，仿佛正透过双眼小心翼翼提防着这个世界。

(3) Though her features were strong, she was not unattractive and might have been quite stunning had she taken even a mild interest in clothes.

她虽然相貌坚毅，但不是没有诱惑力的。如果她在衣着上花点心思就足以使人倾倒。

以上3例译文都采用了领格语域式话题结构。例（1）中的"爱斯基摩犬"在语义上是"胸部""脖子""四肢"的领格，例（2）中的"金蛙"是"四肢""吻""眼睛"的领格，例（3）中的"她"在语义上是"相貌"的领格。

3. 背景语域式话题

背景语域式话题和时地语域式话题的相似之处为在语义上都表示述题发生的背景信息，其差异主要是背景语域式话题和述题的关系最松散，主要表现在：它跟述题内容的联系主要是依赖背景知识或谈话时的语境建立起来的，在句子内部无法建立明确的话题——述题句的句法语义联系，如上文提到的共指或隶属等。例如：

(1) His two daughters, aged six and seven, skipped over to kiss him goodnight, herded from behind by his partner like two frisky lambs.

他的两个女儿轻快地跳过来亲吻父亲。两个女儿一个6岁，另外一个7岁。

(2) We commonly think of water as homogeneous: one molecule of H2O after another, each the same as the last.

一般认为水是均质的，水分子一个连着一个，全部一模一样。

(3) One of these is a number and the other a ratio, but both measure quantity.

虽然这两个一个是数字，另一个是比例，但都用来测量数量。

在翻译以上英语句子时，都采用了汉语典型的背景语域式话题句，"两个女儿""水分子""这两个"在语义上都体现了一种大背景，述题中句法上的主语句都有一种概括和归纳作用，这在汉语中是颇具特色的一种结构。而在对应的英语原句中，要么是保留其中的背景话题，要么是使用述题中的主语，一般情况下很少并列使用。这也是汉语话题凸显的优势。

基于以上分析，从整体上看，英汉语的主语差异主要体现在以下几个方面，如表4-4所示。

表 4-4　英汉语主语的差异

	英语	汉语
数量	唯一	两极化
词性	名词（短语）	各类词性
位置	两极	倾向前端
性质	人称/非人称	倾向人称
修饰	前置和后置	前置

从数量来看，英语的主语是唯一的，而汉语的主语可以省略，或者多个；词性上，英语的主语只能是名词或名词短语，而汉语的主语可以由任意词类充当；从位置上来看，英语主语可以出现在句首，也可以出现在倒装句的句末，而汉语倾向于出现在句首；从语义人称来看，英语里主语常用人称和非人称两种形式来表达，而汉语则较常用人称主语表达；最后，从韵律看，英语主语和谓语之间一般没有停顿，如果有，比如定语从句或其他修饰语，则相对较短，而汉语的主语和谓语之间可以有较大的停顿。

三、主语选择和转换

鉴于英语主谓机制突出，而汉语主题—述题结构凸显，故英语的主语常常会与汉语的主题发生转换。本部分主要讨论建立在 SVO 结构上的转换模式是主语—主题对应式和非主语—主题对应式。

（一）主语—主题对应式转换

主语—主题对应模式是指把英语主语转化为汉语主题的模式。在 SVO 句子层级上，这是最常见的转换模式。具体翻译操作转换过程为：提取主语，并置于句首充当汉语主题，在此基础上，凡是与主语相关的其他句子成分都转换成评述结构。评述语按逻辑顺序铺排展开，尽量让评述语块在音节或结构上保持一致或近似的效果，以增强话语的流畅感和节奏感。特别要注意的是，翻译时要关注信息语块之间的关联性和衔接性，不必拘泥于词、短语甚至小句的句法位置，必要时可以调整语序。例如：

（1）A book has a high-contrast display, is lightweight, easy to "thumb" through, and not very expensive.

书籍不仅印刷清晰，而且重量轻，容易翻阅，价钱也不是太贵。

（2）Each point on AB has a corresponding point on AC and vice versa.

对 AB 上的任意一点，AC 上都有一个点和它相对应，反之亦然。

（3）Hence the junks sail well; they take much greater burden than our ships they are much stouter, and they have such great internal beams that a camel could hardly carry one.

这种帆船驶风良好；载运量比我们的船大得多；船体也比我们的船坚固得多，船内横梁之大连一头骆驼也驮不动。

（4）Located on the western frontier, Kentucky was a wild land of unpredictable weather, vicious animals, and occasionally dangerous American Indians.

肯塔基州位于西部边陲，尚未开垦，一片荒芜，天气反复无常，常有猛兽出没，有时还会遇上危险的美洲印第安人。

以上几句相似之处表现在：句子结构都是复杂较长的单句，涉及的观察点都比较多。比如，例（1）有"book, display"，例（2）有"point on AB, point on AC"，例（3）有"junks, burden, beam"，例（4）有"Kentucky, land, weather, animals, Indians"，对比原文和汉语译文，我们发现英语呈现焦点透视，而汉语译文呈现散点透视的特点。在翻译此类英语句子时，我们可以选取主语为汉语的主题或大主语，将其他观察点译成小主语，形成一个个结构较为松散的小句。再观察以下两个例句：

（1）My instructor, Donald Defler, a gnomish balding man, paced at the front of the lecture hall and flipped on an overhead projector.

唐纳德·德夫勒老师个头矮小，头发微秃，在演讲厅前面来回踱步，操作投影机放映幻灯片。

（2）He was a quiet brown-eyed man with a somewhat reserved even aristocratic, bearing.

他有着一双棕色的眼睛，沉着冷静，而稍显矜持，甚至可以说具有贵族气质。

例（1）中的形容词包括"gnomish, balding"，例（2）则包括"quiet, brown-eyed, reserved, aristocratic"。汉译时根据其语义，或通过添加一些隐含的主语（如内容），或转换结构（如将形容词或形容词短语转换为动词短语），同样形成了一个流水句。再如：

The penknife developed as a vital writing accessory, always kept near to hand for the constant sharpening and shaping required to maintain a steady, even line.

小刀在过去是书写的重要配件，人们常把它放在手边以便随时把羽毛笔削尖、塑型，从而保证书写线条平整匀称。

英语原句也是一个长句，结构较为复杂，主干结构为"the penknife developed"，在此基础上附着了介词短语（"as a vital writing accessory, for the constant sharpening and shaping"）、过去分词结构（"kept near to hand, required to maintain a steady, even line"）。对于这样一个包孕形合句，也宜采用大主语加小主语的结构，根据句子的逻辑关系层层展开。

（二）非主语—主题对应式转换

非主语—主题对应模式是指把英语非主语成分转换为汉语主题语的翻译模式。在主谓宾（SVO）层级上，这种情况亦很常见。不过，要比主语转换模式复杂一些。在符合主题句的条件下，几乎所有非主语成分都有可能成为主题。转换过程是：首先识别句中各语言单位的评述对象；把被评述对象置于句首，设为主题语；评述部分根据逻辑顺序铺排展开；不必过于关注词性和句子成分的对应关系，也不必过于关注切分的语言单位是不是完整的句子成分，因为语块切分遵守的是语义原则，不完全是句法原则，有时所切分的并不是完整的句子结构成分。主题句序列遵循逻辑原则，不受句法逻辑的干扰。非主语—主题对应式的转换过程见以下例句：

Her early studies in chemistry, in part under the tutelage of Nobel laureate Dorothy Hodgkin, were key to the UK's strong and successful advocacy that ozone-depleting CFCs be banned worldwide.

她早年研究化学，曾师从诺贝尔奖获得者多罗西·霍奇金，她对在英国和全球范围内有效地推进和成功地宣传禁止使用对臭氧层造成破坏的氟利昂起到了重要的作用。

在上例中，形容词性物主代词"her"在汉语译文中转换成了主题，然后围绕该主题，有关"她的"教育背景及科学贡献铺陈开来，符合汉语句子短小松散，如流水潺潺的特点，更多的例子如下：

(1) His support has been constant, unwavering, and sustained.

他一直在支持我，坚定不移，持之以恒。

(2) Her lips parted but closed again without uttering a word, only to hang half open again a moment later.

她微启双唇，但一言未发就合上了，片刻后又半张着双唇。

(3) Her hair is long, dark, parted on the side, casual, and her smile is slightly gappy and toothy.

她有一头乌溜溜的长发，偏分，不太梳理，笑起来露出满口大牙。

(4) Abruptly his mind engaged.

他突然开窍了。

(5) Despite her herculean efforts, one hardworking secondary female can't bring as much food to the nest.

尽管她不辞劳苦，但她辛苦半天得到的食物仍然比不上原配雌鸟轻松工作。

(6) Though her features were strong, she was not unattractive and might have been quite stunning had Whatever her expectation, as circumstances fluctuate and her expectations are exceeded or disappointed, stress comes and goes.

姑且不论女性所期待的生活水平如何，但她从生活中感受到的压力是会随环境改变而发生变化的。环境水平时好时坏，女性所承受的压力也因此时高时低。

在某种语境下，英语的介词短语也可以译为汉语主题，例如：

(1) With sick kids, business trips and aerobics classes tugging at both spouses, the family trip is often one of the first things to be sacrificed.

小孩生病，因公出差，又要参加增氧健身法的学习班——夫妇双方均被诸事缠身，全家旅行这件事被首当其冲地给"牺牲"了。

(2) With Google now one of the world's top brands, worth \$ 100bn, Wolfram Alpha has the potential to become one of the biggest names on the planet.

鉴于谷歌现已成为世界顶级品牌之一，价值1 000亿美元，Wolfram Alpha 也有望成为全球最响亮的名字之一。

(3) It seemed intuitively correct to anyone viewing the night sky and watching the way all the celestial objects seemed to pass overhead.

当我们仰望夜空并且注视天体在头顶的运行路径时，直觉似乎在提示我们，没错，就是这么回事。

（三）人称与物称转换

1. 句式复制

英语中的非人称主语句很多时候可以译成对应的汉语句式，一种策略是译成"使……"类句式，比如以下例句：

（1）The developments of the atomic theory brought us soon. as everybody knows, beyond the limit of direct and consistent application of Maxwell's theory.

众所周知，原子理论迅速发展使我们现在不能再像原来那样，直接利用麦克斯韦的理论来解决原子内部的问题。

（2）The years of practice with his uncle and cousin had given him a knowledge of the body and a sureness and confidence of touch that most males do not acquire until twice his age.

舅舅和表弟跟他练习多年，让他得到了有关身体的各种知识和信心，还有对于触摸的自信，这些是连年龄比他大一倍的男子也没有的。

（3）Although visions of space travel excited Kay, school didn't.

虽然太空旅行的幻想让凯很兴奋，但学校却没有。

（4）The germ theory had opened the door to that progress.

病菌学说已然为这次进步开启了大门。

另一种策略是采用"拟人化"的汉语句式。现代汉语受西方语言的影响，或因修辞需要，用非人称主语的句子比过去多了些，但还是不能滥用，要严格以拟人化的用法为限，切忌超出拟人化的界限。例如，下列句子以拟人化直译过来是比较通顺的。

（1）The excitement of the week disappeared, to be replaced by sheer disbelief at what she had done.

整个星期的兴奋忽然消失得无影无踪，她甚至有点不敢相信自己干出的事情。

（2）The past 15 years have shown that planets around stars other than the sun are commonplace.

过去的15年已表明，围绕太阳以外的运行的行星是很平常的。

(3) Three years of English life evidently turned his head.

3年的英国生活显然冲昏了他的头脑。

(4) In one such pond containing 120 000 milkfish, more than half the fish died after a spray plane had passed over.

在一个养有120 000条牛奶鱼的池塘里，在喷药飞机光顾这儿之后，死了一半以上的鱼。

(5) All those things must have been on Yali's mind.

那种事情想必在亚力内心盘旋已久。

2. 句式转换

英译汉时，遇到非人称名词短语作主语时，根据其语义，可以把句子进行切分，把英语单句译成带有状语成分的汉语结构，其中较多地采用"由于……（因此）""因为……（所以）"或其他状语结构。另外，需要时亦可增译出施事者。例如：

(1) The climate phenomenon that is being blamed for floods, hurricanes and early snowstorms also deserves credit for invigorating plants and helping to control the pollutant linked to global warming, a new study shows.

由于地球转暖而导致的洪水、飓风以及不期而至的暴风雪等气候现象，让人怨愤不已；但是，一项新的研究结果表明，由于气候转暖，植物生长得以枝繁叶茂，控制污染亦受益于此。

(2) His staff said that the strength of his personality made working for him and with him both rewarding and demanding.

霍金的看护表示，由于他的个性强势，不论帮他工作或与他共处都相当吃力，却总能得到回报。

(3) The dissolving took so long that he could do only one or two cycles per day at first.

由于溶解需要的时间实在太长了，刚开始他每天只能处理一两个循环。

(4) It was this that eventually led him to create a sterile laboratory.

正是由于这个原因，他最终建立了一个消过毒的实验室。

(5) Watson's glimpse of one of her X-ray photographs of DNA gave him and Crick the final boost to the summit.

正是由于沃森瞥见了她完成的DNA的X射线照片，才助他与克里克一臂之力，最终大功告成。

时间、空间名词作主语时，常常把英语的人称主语转换成汉语的状语结构，例如：

（1）The last 300 years have seen the growth of ever-larger cities.

过去的 300 年间，都市的扩张十分迅速。

（2）The past few years have brought a flurry of attention to the plague of plastic flotsam.

过去几年来，塑料漂浮物的祸害一度引起人们的关注。

（3）Eleven years in these conditions produced guppies that were, on average, in less of a rush.

经过 11 年后，这批孔雀鱼的后代，平均而言，生活步调都放慢了许多。

（4）O'Leary said the first years of commercial space travel will face difficulties and scrutiny. as NASA's program did when it began.

奥利里说，商业太空旅行的头几年会困难重重，还要面临审查，就像美国航空航天局的计划开始启动时一样。

（5）But here also new features appear.

但这里也出现了一些新特点。

另外，英语的被动结构也转换为汉语的主动结构，例如：

（1）Her excitement was tempered by doubt.

某些不确定的因素降低了一些她的兴奋之情。

（2）A green leaf is regarded by almost every living thing on Earth as food.

地球上几乎所有的生物都把绿叶视为食物。

（3）There the matter rested.

先暂时把这个问题放到一边。

3. 词性转换

当抽象名词做主语时，在汉译时常常采用词性转换的策略，其中最常用的技巧是把名词翻译成动词，请看以下例句：

（1）In recent years, a remarkable development of the atomic theory has taken place.

近些年来，原子理论取得了长足的进步。

(2) The suggestion is that we are now on the downward slope of one of these fluctuations.

有人提出，我们现在正处在某个涨落的下坡过程中。

(3) This lack of usefulness is one of the reasons that musical training never involves any attempt at perfect pitch acquisition.

缺乏实用性是音乐教育从未尝试教导绝对音高的一个原因。

(4) Growth in both business-to-business and business-to-consumer e-commerce continues to expand at even just half the pace we have seen over the last five years.

企业对企业和企业对消费者的电子商务持续增长，不过速度仅为过去5年我们所见到的一半。

(5) Their enthusiasm quickened with the discovery, in 1858, of the second great aniline dye.

1858年，有人发现了第二种可以用苯胺制造出来的染料，于是他们更加入迷了。

4. 词义引申

引申英语谓语动词的词义，加以适当变动。一个动词用于特定的上下文中，除了基本意义和派生意义外，往往还含有上下文所给予的含蓄意义。汉译时就要根据上下文的内在联系，运用更加确切的汉语词汇手段将这一含蓄意义引申出来。

(1) The many years of work paid off today, but the work is only beginning.

多年的工作今天终于有了回报，但这仅是开始。

(2) The less successful males would invariably be passed over for the males with the most resplendent feathers.

不起眼的雄孔雀总是比不过羽饰华丽的同伴。

(3) Conversation became strained as they each waited for a sign that they would not be rebuffed.

两人之间的谈话渐渐有点接不下去了，因为他们都在等待对方先发出默许的暗示。

5. 主宾换位

根据英语主语人称的差异，英译汉时，常常有主语和宾语的换位处理，即把英语非人称主语转换为汉语宾语。例如：

（1）This is another of the very few subjects that escaped Darwin's notice.

这又是少数几个达尔文未加注意的问题之一。

（2）A lull of some ten years followed.

紧接着是 10 年间歇。

（3）Two years later, there is no sign of that patient's cancer returning.

两年后病人也无癌症复发迹象。

（4）When I saw Papert's stuff, that metaphor didn't hold up.

但看见了帕伯特的东西后，我便放弃了那个比喻。

（5）In the mid-1990s, this idea surprises no one.

20 世纪 90 年代中期，谁也不会对这种思想感到惊讶。

第五章　英汉语篇比较翻译

　　语篇简单来说就是一系列连续的话段或句子构成的语言整体。从形式上来看，它可以是文字标志、小说、诗歌、对话、独白、文章、讲话等。"不同的语言体系在语篇构成中差异甚多，但也有共通之处。译者在转换的过程中，对原文语篇结构进行宏观调整很有必要。"[①] 本章阐述了英汉语篇比较翻译，主要包括三个方面内容，依次是省略比较翻译、重述比较翻译、照应比较翻译。

---

① 常涛、王健芳：《英汉语篇翻译对比研究》，《兴义民族师范学院学报》2014年第1期，第46—49页。

第一节　省略比较翻译

一、英语省略

英语省略之所以是对形合的补充是因为英语省略多伴随形态或形式上的标记。反过来说，形式的存在是省略的重要前提，举例如下：

（1）The lowest estimate of the pandemic's worldwide death toll is twenty-one million, in a world with a population less than one-third today's.

对流感死亡人数最保守的估计是 2 100 万，而当时全球人口总数还不及今天的 1/3。

（2）A man with a mind more highly organised or better constituted than mine, would not, I suppose, have thus suffered.

如果一个人思路比我清楚，比我有条理，可能就不会有我这样的损失了。

（3）"It's simple," he says softly, and his anger is calmer than mine.

"如此而已，"他温柔地说，虽然生气但比我冷静。

在以上 3 例中，所有格或物主性代词后的名词 population，mind，anger 都省略了，而汉语译文中采用了灵活的译法。另外一种情况是省略形容词后的名词。此类又可以细分为以下几种情况。首先，同源宾语可以省略。例如：

I'd rather leave all my automatic functions with as much autonomy as they please, and hope for the best.

我宁愿给我所有的自动功能很多自治权，它们想要多少我就给多少，然后什么都别管，抱最好的希望就是了。（汉语未省略）

其次，最高级或表端点的形容词，如 best，last，first 等，其后的名词皆可省略，例如：

（1）He became smitten with the French menus there that evolved with the seasons, according to what was fresh and at its best.

他突然迷上了法式菜单——法式菜单会随着季节的变换更替最新鲜的时令食材。

（2）"You did your best," he'd say.

"你干得真棒，"他这样说道。

（3）They can follow online courses, some of them taught by the best in the academic world.

他们可以学习网上课程，其中一些是由学术界顶尖人物讲授的。（汉语未省略）

（4）Experts hope the scheme could be a way to treat the roads which are the first to freeze.

专家希望该计划能用于那些最容易结冰的道路。（汉语未省略）

第三，有些形容词可以与定冠词 the 搭配，表示一类名词，例如：

（1）The rich will adapt. The poor will suffer.

富者会适应，穷者将受其害。（汉语用"者"字结构）

（2）Computerized Transportation System for the Handicapped.

用于残障人士的计算机运输系统。（汉语未省略）

另外，如果几个连续的句子主语前后一致，后面的主语则可以省略；若主语不一致，但在谓语相同的情况下，后一个动词亦可省略。例如：

（1）It obliterated more than 175 houses, flattened half the historic business district, and turned whole blocks into piles of rubble.

它使175座以上的房屋荡然无存，将历史性的商业区的一半夷为平地，使许多街区整个地变成瓦砾堆。

（2）The first alien abduction story in the modern genre was that of Betty and Barney Hill, a New Hampshire couple, she a social worker and he a post office employee.

要说现代类型的外星人绑架事件，应首推新罕布什尔州的一对夫妻贝蒂和巴尼·希尔所经历的故事。贝蒂是一名社会工作者，巴尼是邮局雇员。

（3）You might see Madonna and I, a duck-billed platypus.

可能你看到的是麦当娜，而我看到的是鸭嘴兽。

第四，助动词后的主要动词为补充信息（如表示并列、强调等）皆可省略。例如：

（1）He hardly ever left his laboratory. Nor did his assistants, except for the ones who fell ill.

他待在实验室，几乎寸步不离，他的助手只要没有病倒也都在坚持工作。

(2) If by then she hasn't conceived with her own harvest of DNA, she probably never will.

如果她还没有用自己的 DNA 怀孕的话，那她大概是求子无望了。

还有一种情况是不定式后的动词可以省略，而汉语则没有这种情况，例如：

(1) Why did you keep on telling me?

"Because I felt I had to," the physicist replied.

"Because I felt you wanted me to."

为什么你一直告诉我？

"因为我觉得我不得不做，"物理学家回答说，

"因为我觉得你在要我这样做。"

(2) With every frame of your life cataloged, the memory recorder ensures you'll never forget a face again—even if you want to.

该自动记忆装置可以分门别类记录你的全部生活，确保你永远不会忘记你看到过的每一张脸——甚至想忘都忘不掉。

第五，为避免重复，系动词之后的表语可以省略，例如：

(1) Trying to understand what was happening between Oliver's furry ears while he savaged our towels or yowled alone at the window was confusing. In many ways, attempting to understand the relationship between what animals are thinking and what they are doing always has been.

奥立佛在破坏毛巾或独自在窗前嚎叫时，他那毛茸茸的双耳之间的大脑内发生了什么事？这着实令人费解。而在许多方面看来，尝试了解动物思考与行动之间的关联这个过程，确实也很令人困惑。

(2) There were two types of cosmologies in religion, the first based on a single moment when God created the universe, the second based on the idea that the universe always was and always will be.

在宗教上有两种类型的宇宙论：一种理论是上帝在一瞬间创造了宇宙，另一种理论是宇宙过去、现在和将来都永远如此。

最后一类情况是主语和主要动词同时省略。这类句式可以从前一个句子推断出来，常以排比或对偶句式，或者是一种修辞手段出现。例如：

(1) It would go beyond the scope of this book to describe exactly how these

jaws work. What is important is the unique new way in which they are suspended in the mouth and that this suspension offers new perspectives. A discovery, an evolutionary breakthrough.

精确描述颚的工作原理超出了本书的范围,重要的是颚悬挂于嘴内的独特方式,而且这种悬置提供了新的视角。这是一大发现,一大进化突破。

(2) There has always been plenty of pessimism for the urban: Critics have seen the city as a source of vice, pollution, disease, crime, greed, corruption and disorder. A hotbed of over-regulation, dependency and patronage. The scene of environmental destruction and economic exploitation.

对于城市人来说,悲观的情绪一直大量存在:批评者把城市看作是罪恶、污染、疾病、犯罪、贪婪、腐败和混乱的来源,过度监管、依赖成性和施恩惠顾的温床,环境破坏和经济剥削之地。

以上为英语中常常使用的省略类型。从整体上看,无论是在一个完整的句子中,还是独立成句,省略的部分总是受到形态或形式上的制约,即依然受到语法规则的限制,其中省略的部分主要包括动词(包括系动词、实义动词)、名词或代词,而其他虚词则很少省略。所以说,尽管以上词可以省略,依然无法改变英语形合的事实,虚词所承担的组织作用对英语来说是必不可少的。

二、汉语省略

汉语省略则是"像雾像雨又像风",这些都是与汉语意合的特点相关的。汉语不像英语那样对形式或形态依赖很强,而是靠上下文、语序或逻辑等来组词、造句、谋篇,给人的印象是汉语省略弹性很大,既表现在省与不省,又表现在省多省少。汉语省略还缺少严格的判断标准。比如,我们可以说"天下雨了",但是如果说"天下了一整天雨"则比较别扭。所以,我们认为,"天"与其说是补充的主语,倒不如说是一个方位词。再比如,英语中常讲究前后对应一致,同级比较,如下例所示。

Eventually our network will have a footprint larger than Star's.

最终,我们的网络覆盖面将超过卫星电视。

假设严格按照英语句子结构进行翻译,译文将成为"最终,我们的网络覆盖面将超过卫星电视的覆盖面",读起来拖沓累赘,不符合汉语的特点。

第二节 重述比较翻译

一、英语重述

词汇衔接指的是语篇中出现词汇与词汇之间相互依存的语义联系,如同义、近义、上义、下义、解释等关系,故具有篇章衔接功能。词汇衔接主要包括搭配和重述两种形式。其中搭配指词汇共现的倾向性,词汇搭配关系包括反义关系、句内同一结构和联想关系,强调的是一种前后呼应的关系。重述指的是某一词的重复词、同义词、上义词、统称词、代词,如图 5-1 所示。语篇中的句子通过这种重述关系实现了彼此衔接。

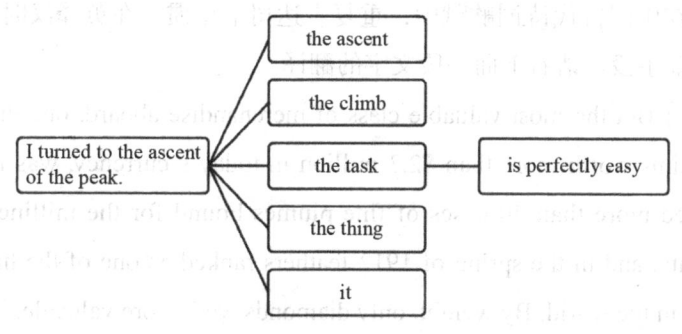

图 5-1 英语 5 类词汇衔接手段

不论 20 世纪末期现代科技如何发达,也很少有人能够在晴朗的夜里凝视星空,而不震慑于宇宙的奇妙。即使我们知道天空中一闪一闪亮晶晶的星星,是自然界的核子炉,是和太阳类似的星体,也丝毫不会降低那壮观的感觉。现在我们还知道,许多天体的星光要花费数百万年才能到达地球,而这只会让我们更加深刻地感受到宇宙的广袤。考虑到现代人自身的反应后,我们不难体会,老祖宗们心中也会有类似的惊奇,使得他们在一开始尝试理解大自然的模式时,会从观察星空开始。

上段文字的英文原文中,除了一些虚词外(如"of, the, our, we, a, that, to, own, and, as, at, it, not, us"等),还包括以下实词重复:"sense, light, star, sheer, nature"。此外，除了重复词外，还有同义词或近义词，如"sky"和"universe"，"awe"和"wonderment"，"spectacle"，反义词，如"diminish"和"enhance"，上义词和下义词，如"nature"和"star"，以及统称词，如相对于"awe"和"wonderment"，"reaction"即为统称词。最后，还有代词，例如"it"指代"nature"。毫无疑问，这些词汇的出现，通过不同的语义呼应方式，把句子衔接起来，使读者很容易发现这些句子的紧密关系，以此来理解语篇的主题。

二、汉语重述

我们可以把汉语的重述分为重复和替代两类。这种二分法便于我们发现英汉语言语篇组织的又一个显著差别，即汉语更倾向于重复手段，而英语则倾向于替代手段，如使用同义词、上义词或下义词、统称词、代词等。这种重复的语篇手段，古已有之。在中国古代诗词歌赋中，重复表达司空见惯。在英译汉时，常选择重复这一种语篇手段。请看下面一段文字的翻译。

【原文】But the most valuable class of merchandise aboard, one that warranted insurance claims worth more than $2.3 million in today's currency, was feathers. The ship contained more than 40 cases of fine plumes bound for the milliners' shops of New York City. and in the spring of 1912 feathers ranked as one of the highest-priced commodities in the world. By weight, only diamonds were more valuable.

The global plume trade peaked in the years before World War I, reaching a scale that seems unimaginable today. Feather merchants and processors in London alone employed more than twenty-two thousand full-time workers. while major hubs thrived in Paris, New York, and other fashionable cities of the day. Though they were used in fans, dusters, boas, floral arrangements, and in the fringes of cloaks and shawls, one fashion craze drove the entire industry: hats.

Women did not simply favor feathered hats. they required them. Leaving the house with a bare head was unthinkable, and any respectable wardrobe featured a range of plumed caps and bonnets to fit each season and mood. The most valuable feathers became family heirlooms, transferred repeatedly from hat to hat to keep up with the latest trends, and passed from mother to daughter for generations. After all, feathers had epitomized high style for nearly a half century, and no one could imagine an end to it.

【译文】但船上最贵重的货物中，有样东西据称投保金额超过230万美金，那便是羽毛。泰坦尼克号装载了40箱精致的羽毛，准备运往纽约市区的仕女帽产销店；1912年春季，羽毛是世界上价格最高的商品之一。如果以重量来看的话，当时只有钻石的价格比羽毛还高。全球羽毛贸易的高峰是在第一次世界大战前几年，其规模之大我们今日殊难想象。光是在伦敦，羽毛批发商和加工制造商聘用的全职员工就超过22 000人，这一行在巴黎、纽约和那个年代的其他时尚城市里也同样蓬勃发展。虽然羽毛也被用来制造扇子、掸子、女用围巾、插花摆设以及斗篷和披肩的边缘装饰，但整个羽毛工业却是由这项时尚热潮所撑起：帽子。

女人不仅喜欢羽毛帽，她们还需要它。出门要是没戴帽子，那简直是难以想象的画面，而任何一个体面的衣橱里，搭配各种季节跟场合所需的羽毛便帽和软帽更是缺一不可。最为珍贵的羽毛会被当成传家宝，在不同的帽子之间转换以便紧跟潮流，然后由妈妈留给女儿，代代相传。毕竟，羽毛在近半个世纪的时光里都是高调时髦的代表，没人能料想到羽毛会有退出流行的一天。

原文中使用了不同的词表示和"羽毛"相关的概念，既有重复词、同义词，还有统称词。同义词包括名词"feathers，feather，plumes，plume"，形容词"feathered，plumed"，代词"they，it，them"，统称词包括"industry"等，可谓各种替代方式占优。而再观察汉语译文，基本上重复用同一个词"羽毛"来进行翻译，达12次之多。上例反映了英语和汉语的衔接差异；英语倾向于使用替代的词汇衔接手段，而且形式丰富多样，如重复词、同义词、统称词、代词等；与之相对，汉语则喜欢使用重复式词汇衔接手段。汉语对代词敬而远之，尤其是对第三人称代词有排斥的倾向。这不仅仅在古代汉语中如此，在现代汉语中亦是如此，很多情况下要么重复名词，要么干脆省略。

从形合的视角来看，汉语的重复也称得上一种独特的形合手段，当然，这种手段建立在汉语意合的基础上。

第三节　照应比较翻译

一、人称照应

"照应可以分为内照应和外照应，内照应是指参照点存在于语篇当中，外照应是指参照点存在于语篇之外的语境之中。"① 人称照应是语篇照应中的一个重要部分，其中人称代词的使用是人称照应的重要手段，是语言交际中重要的语言成分。接下来，将从四个方面来探讨英汉语言人称照应的异同。

（一）代词指称与零式指称

英语人称代词在语篇的上下衔接与连贯中起着重要的作用。汉语人称代词没有英语那么丰富，不像英语那样使用严格的人称代词系统，众所周知，英语代词的使用频率远远超过汉语。英译汉过程中，在很多情况下，代词常常会省略，即零照应。

鉴于汉语"零照应"的语篇衔接特点，英汉语代词使用的最大差异就是汉语常省略人称代词或物主代词，尤其是第三人称代词的省略更为普遍。我们主要通过翻译实例来比较一下英汉语篇第三人称代词的使用情况，请看下面两个例句：

（1）Only when he was sure he was free of contamination did he grind up the Neanderthal bone and apply chemicals that would copy any fragments of DNA it held.

待确定绝无污染源后，才将尼安德特人的骨头磨碎，注入化学药剂，复制其中可能存在的DNA。

（2）He can not say what he did yesterday—and he is equally unable to say what he may do tomorrow.

说不出来昨天做了什么，也说不出来明天可能会做什么。

除了第三人称外，第一人称也常常省略，如下例所示：

I had already lost, and I knew what I needed, so I could focus easily.

反正事情已经办砸了，背水一战，倒容易集中精神。

---

① 吉兆荣：《汉英语篇照应手段的比较》，《中国电力教育》2010年第16期，第200—201页。

除了零指称外,汉语还会采用其他照应手段,比如使用反身代词,或综合使用各种照应手段。如下例所示:

(1) Determined from the age of twelve to become a scientist, Rosalind Franklin knew where she came from, under what constraints she laboured and where she wanted to go.

从12岁起,立志做科学家的罗莎琳德·富兰克林,晓得自己的条件,晓得自己必须做哪些努力,更晓得自己的方向在何处。

(2) She had always known she was different from other kids, ever since she was a child.

她从很小的时候就知道自己和其他孩子不一样。

除了人称代词可以取代物主性人称代词外,在很多情况下,物主代词可以省略,所以汉语物主性代词的使用频率显著低于英语,请看以下例句:

(1) I stand in a canyon of crumbling yellow cliffs, embarrassed to be without my clothes, my soft stomach showing, my vanity showing, my prudery showing.

我站在崩落的黄色悬崖下,为自己没穿衣服感到难为情。我软塌塌的肚子露在外面,虚荣心露在外面,骄心露在外面。

(2) By the time you have my address, my marital status, my age, my income, my car brand, my purchases, my drinking habits, and my taxes, you have me—a demographic unit of one.

当传媒掌握了我的地址、婚姻状况、年龄、收入、驾驶的汽车品牌、购物习惯、饮酒嗜好和纳税状况时,它也就掌握了"我"——人口统计学中的一个单位。

(3) To his relief, he discovered his feet could walk again. His hands could grasp. his mouth could chew. and his brain could now think clearly. He began to feel much better.

让他感到宽慰的是,他发现自己的脚又能走了,手也能抓住东西,嘴能咀嚼,大脑能清晰地思考,他开始感觉好多了。

(4) After losing his wife, his children, his medical practice, and most of his fossil collection, Mantell moved to London.

在失去妻子、子女、医生职业和大部分化石收藏品以后,曼特尔搬到了伦敦。

(二) 指称明确与指称换位

英汉语言人称照应的另一个差异表现在：有些代词，尤其是物主性代词和人称性代词在汉语中并没有显著性差异，甚至可以互用。例如：

My grandfather's attempt to petition the British Home Office on behalf of his son was a success. And this was the result: my father's German identification card, which was stamped by the immigration office on his way out of Brussels on December 4, 1939.

我祖父为了儿子向英国内政部请愿，结果成功了。上图就是他的成果：我父亲的德国身份证。1939年12月4日，我父亲离开布鲁塞尔时，移民局官员在他的身份证上盖了戳印。

此外，第二人称的单复数情况在英汉语中也存在显著的差异，汉语通过"你""你们"，或"你的""你们的"分别表示单复数，英语却用"you"或"your"一个词来指称单复数，例如：

(1) "The offerings of your Chhin King." he said, "are but poor: you may see these drugs but you may not take them away."

他说："你们秦王的贡品太薄，你可以看到这些药，但不能取走。"

(2) "Excuse me. Did I hear you rightly? Are you really her grandfather?"

"对不起，我听到的消息准确吗？你真的是她的爷爷吗？"

(三) 人称代词与原词复现

若英语中的代词距离先行语较远，或者不是篇章的主题，或者可能引起歧义时，一般应转译为含指示词语的名词词组或重复先行语，因为在汉语中名词词组的使用率远高于代词，而且汉语的名词词组相对英语中的名词词组来说，可及性程度较高。

And so one day, longer ago than I wish were true, I set out on a journey through the world of time in order to understand it—to ask, as Augustine did, "Where is it coming from. what is it passing through, and where is it going?"

于是有一天（真不愿承认那是很久以前的事了），我踏上了时间领域的旅程，为的是了解时间，为的是探索奥古斯丁曾经提出的疑问："时间来自何方？时间经过何物？时间去向何方？"

汉语第三人称代词系统没有英语发达。该例明显解释了英汉语言第三人称代词 it 的差异。在英语句子中，"it"重复了多次，保证语篇的衔接，而汉语译文中没有使用"它"，而是重复了名词"时间"，强调语义前后呼应。再比如：

If you dreamed it, if it felt good, if it elicited wonder, why then it really happened.

如果你梦到了一件事，你感到这梦又很好，如果这梦又引发出奇迹，那么为什么不认为这事确实发生过？

（四）反身代词连用和独立

反身代词的语义在英汉语言中基本对应，然而其使用规则却存在以下几个方面的差异。首先，汉语中"自己"既可以与人称代词连用，又能单独使用；英语中反身代词只能与其对应的人称代词结合起来使用而不能单独出现。例如：

（1）He never said anything he didn't believe himself.

他从来不说他自己不相信的事。

（2）H.G. Wells himself was influenced by the writings of contemporary physicists.

威尔斯自己也受到了当代物理学家的著作的影响。

（3）They've always kept their money separate and use their own bank accounts for personal expenses.

他们总是"各自为政"，自己花自己的钱。

其次，英语中反身代词不能单独使用，除了和名词、代词搭配使用外，还与介词 to, for, with 等搭配作为介词宾语出现。例如：

（1）How often, in a year's turning, have you prescribed antibiotics of any kind for yourself or your family?

一年中给自己和家里人开过几次抗生素？

（2）So he kept his brilliant idea to himself, writing it down in his secret notebook.

于是他把这个超棒的想法留给自己，写在秘密笔记里。

（3）Seeing some merit to more than one side, I often argue with myself.

想到不只是从单方面看问题的优点，我常常和自己争辩。

英语反身代词的搭配能力强，还表现在常和一些动词构成固定短语。在翻译

此类固定短语时,汉语往往要抛弃反身代词,而采用其他的表达手段。这类固定短语主要包括以下三类:

第一类:动词和反身代词搭配,构成固定搭配,表示特定的含义,例如:

(1) At last, I was going to be myself again.

最终,我将会恢复到原本的健康状态。

(2) As if drunk, I looked around, trying to orient myself.

好似喝醉酒一般,我四处张望,试图弄清楚方向。

(3) Determined as I was to be ready, just in case I ever got to go to space, I was equally determined to enjoy myself.

为了迎接未来可能的太空之旅,我决心做好准备,但也决心好好享受准备过程。

(4) These two months at Plymouth were the most miserable which I ever spent, though I exerted myself in various ways.

无论我如何多方努力,在普利茅斯那两个月都是我最无聊的日子。

(5) She distinguished herself early on by thoughtfully answering questions posed in class, peppering me with questions during office hours, and constantly proposing new experiments.

她在课堂上回答问题时展现的周密思虑、与我会谈时尖刻的提问,还有不断提出的新实验都让她从一开始就崭露头角。

(6) More than just alone, he would never dig in, never entrench himself, never root.

但除了独身,他从不故步自封,从不墨守成规,也从不顽固不化。

(7) Mackey finally could contain himself no longer.

麦基终于忍不住。

(8) He knew better than to push himself now.

他知道现在这样比硬撑要好。

(9) He also brought gifts for my children—he loved kids—and behaved himself very well.

他还给我的孩子带来了礼物(他喜欢小孩),并且举止得当。

(10) Between 950 and 1000 only one other piece of iconographic evidence

presents itself, a painting of a ship by Gu Kaizhi, the famous artist of the second half of the 4th century.

在公元 950 年和 1000 年之间，只有一幅可以作为考证的绘图史料，即 4 世纪后半叶名画家顾恺之所绘的船图。

（11）Unlike Qing China, which prided itself as the "Central Kingdom" with Beijing as its continental hub, Greenwich, England, became the center of the British navy and its efforts to measure and synchronize a ship's distances globally.

清代中国自诩为"中央帝国"，以北京为大陆中心，与之不同的是，格林尼治成为英国海军及其测量和定位船只在全球航行时的距离的中心。

（12）Type 1 usually manifests itself in childhood.

第一种（糖尿病）通常发于童年期。

（13）I accommodate myself to the water, not the water to me.

从水之道而不为私焉。

（14）I'll go into the example of the sex ratio in a little detail, because its utility function lends itself subtly to an economic treatment.

我将对性别比的例子稍微详细地做些讨论，因为它的实用功能微妙地适合了一种经济处理方式。

（15）Moreover, it was a particular type of food resource that lent itself to long—term storage—a seed that could be stored dry for years.

尤有甚者，这种食物源可以长期保存，因为干燥的种子可以贮存好些年而不坏。

（16）I felt like history might be rewinding itself.

感觉上历史正在重演。

（17）The question immediately presents itself.

立刻出现了一个问题。

第二类：反身代词跟在动词 find，hear，catch 等后表达一种不知不觉，或者出乎意料的意思，汉语采用了词汇手段来翻译这个结构。

（1）I found myself telling them over and over that I had no problem with Mr. Rogers.

我只好一遍遍地重复我和罗杰斯并无私怨。

(2) A regular jogger since my teens, I found myself wheezing and puffing after even a short run.

从青少年时期就养成慢跑习惯的我，竟然只跑一小段路就开始气喘吁吁。

(3) I had come here to talk to a family that had inadvertently found itself at the cutting edge of modern technology's remodeling of humanity.

我此来是为了找一户人家谈谈，他们在不经意中给卷入了重塑人性的现代科技之中。

第三类：表示事情发生的目的、结果、状态等。

(1) Germain wanted to devote herself to a subject that could be so engrossing it would distract from dangers to life and limb.

杰曼决心将自己的一生献给具有如此大的吸引力以让人在生命和身体遭受危险的时刻，仍能置之度外的数学。

(2) He kept himself busy with natural history.

于是他一头钻进自然史内。

(3) He also involved himself directly with patients, often working the diphtheria wards at the city—run Willard Parker Hospital across the street from his laboratory.

他也直接同病人打交道，经常在实验室街对面的市立威拉德·帕克医院的白喉病房工作。

(4) Levin immersed himself in mathematics to the exclusion of nearly everything else.

莱文沉浸于数学之中，几乎排斥其他的一切。

(5) He three himself into his studies, so much so that his father became concerned about his health.

他如此狂热地投身于学习，父亲逐渐关心起他的身体健康来。

(6) So he spent two delicious hours bathing, ridding himself of the accumulated grime of his journeying.

于是，他花了两个小时愉快地洗澡，将旅途中身上的积垢清除干净。

(7) They argue about money, the housework, Johnny, social engage—ments, but he has committed himself to making her life easier and more joyful.

虽然他们也会为金钱、家务劳动、约翰尼和社交应酬的问题而争论，可是他已经下定决心，要使她的生活变得轻松一些、快乐一些。

（8）Rush's Bilious Pills purged the bowels so well: the body will rid itself of any poison, mercury included.

这也就是拉什医生的胆汁丸如此有效的原因：身体会拼命清除体内的毒素，包括水银。

（9）As the technology sorts itself out it will become more prevalent.

随着这项技术日臻完善，它将更加普及。

（10）The blaze had to be left to burn itself out.

我们无能为力，只能等待燃料烧尽后火焰熄灭。

最后，需要特别指出的是，除了反身代词表达"自身"外，英语也可以使用人称代词或物主代词表达反身代词的意义，例如：

（1）When a dog cocks its leg against a lamp—post, it is like leaving a message on a notice board. it is telling other dogs that it has passed that way.

当一只狗在电灯杆上撒尿时，它就像在记事板上留下信息一样，告诉其他狗自己曾经路过这里。

（2）Already, the company has made plans to develop its own satellites to cover Asia.

该公司已经计划研制自己的能覆盖整个亚洲地区的卫星。

（3）Surprised, I took the paper to my room.

我感到惊诧，拿了纸条就进入自己的房间。

（4）Mind your manners!

注意自己的言行！

由以上例子可以看到，英语的人称代词 it，物主代词 its，my，your 等都可以表达反身代词的意义。

二、指示照应

（一）指称对应

首先，在语义上，"this"与"这"相对应，"that"与"那"相对应，尤其是用于外指照应时，英汉语言指称是一一对应的。指称代词既有沿袭古汉语的资源，如"本、此、彼"等，也有现代汉语的表达手段。

（1） The original string theory that emerged from Veneziano's work in the late 1960s incorporated all of the symmetries discussed at the beginning of this chapter, but it did not incorporate supersymmetry (which had not yet been discovered).

20世纪60年代从维尼齐亚诺的研究中提出的弦理论包括了本章开头讲的所有对称性，但不包括超对称性（那时还没发现呢）。

（2） The possession of traits associated with gender is not as simple as this or that.

拥有某些性别特征，并不是简单的"非此即彼"。

（3） This event is currently comparable in magnitude and extent to the 1982—1983 episode.

此现象的发生无论是在规模还是在程度方面都可以与1982—1983年那次相提并论。

（4） Because of the advances in this area, personal computers have become more powerful, smaller, and less expensive, which has enabled computer networks to proliferate.

由于该领域的发展，个人计算机的功能变得更加强大，体积更小，价格更加低廉，这便使计算机网络得以拓展。

（5） All this is marvelous beyond words.

其机妙不可言。

（6） In a Universe tens of billions of light years across and some ten or fifteen billion years old, this may be the case forever.

宇宙之浩瀚广阔达数百亿光年，其年龄也高达100亿至150亿年，其貌其状将永世长存。

（7） In this experiment, light intensity is the independent variable.

在上述实验中，光强称为自变量。

（二）指称变向

1. 英语近指与汉语远指

一方面，英语近指"this"常常用来呼应过去，即先前提到的旧信息，从而实现上下文的衔接，而汉语却习惯于用远指"那"指称刚刚提到的人、物、事；另一方面，英语的近指和远指的客观性较强，往往以"说话者"为中心进行观望，汉语则夹杂着心理情感、社会距离等因素。

科普文本中的指称转换问题，如下例句：

The path for which I was searching led up the alley of rock and underneath Griomabhal's face; these things I knew for certain. But I couldn't find its line. What was it I had been told? You need to look for what shouldn't be there. This path didn't exist as continuous track: its route was indicated only by marker stones.

我正在寻找的那条小路就通向这条岩道，就在格利欧马巴峰的脚下。这些我都知道，但就是找不到那条路。之前别人是怎么跟我说的？你需要找到根本不该出现在那里的东西。那不是绵延的小径，只有一些石头标示出路线。

在上例中，原文使用了"the path, the alley, this path"三个近指短语，对于作者而言，仅有 the alley 出现在当下，而 the path 和 this path 目前不存在，为虚拟的。译成汉语后，现实的是"这条岩道"，而虚拟的变成了"那条小路""那……小径"。汉语的跳跃性更大，更注重语义上的连贯。再比如：

When it melted, around 10000 years ago, the water coalesced into the Great Lakes, including Michigan. Looking out the window of my cab, at the strong winds ripping across the expanse of ice reaching out from the Chicago shoreline, I felt like history might be rewinding itself. The ice age could have looked a bit like this, I thought. This wasn't just idle musing; I've spent my life studying the past, effectively trying to rewind history.

当该冰层在一万年前左右融化时，融水汇入了包括密歇根湖在内的五大湖。我从出租车里朝窗外望去，看着强风在广袤的冰冻湖面上呼啸，感觉历史正在重演；我不禁想象，冰河期的景观大概也就是这样。那不只是空想而已，我这一辈子都在研究过去，试图重建历史。

与上例有些类似，英语原文中使用两次近指代词 this，第一个 this 指眼前的景象，在译成汉语时使用了对等的近指"这样"，而第二个 this 在某种程度上有主观推测的意味，汉译选择远指"那"主要是出于一种"虚拟"的考虑，强调一种时空感和距离感。相对于英语而言，汉语的近指，远指区分更分明。

It is named after the genus of a small plant, Dryas octopetala, found in the tundra regions of Scandinavia, which was replaced by forest in the southern part of its range at the end of the previous ice age but reappeared during the cooler conditions of the Younger Dryas. What led this small ice age plant to suddenly reappear is not completely clear, but the most likely theory is that its reemergence was caused, paradoxically, by the sudden melting of an ice dam in North America. Now wait, you might be saying—it was affected by an ice dam halfway across the world? This was a very special dam, though.

名称则来自斯堪的纳维亚冻原地区发现的小型植物"宽叶仙女木"的学名"Dryas octopetala",在前一次冰河期结束后,生长在冻原南部地区的宽叶仙女木被森林给取代,但在气候较凉爽的新仙女木期,又重新现身。是什么原因造成这种小型冰河期植物的突然出现,并不完全清楚,但最有可能的理论是说,北美洲某个冰坝突然融化,吊诡地造成了该植物的重现。且慢!你可能会问;那是由隔了半个地球之遥的冰坝融化所造成?不会吧?那可是座特别的冰坝。

英语原文使用两个近指this,主要是为了保证语篇的完整与衔接。而从其指称的虚实来判断,第一个短语"this small ice age plant"为实指,故译成了汉语近指短语"这种小型冰河期植物",第二个近指this实际是为远在天边的"冰坝",为虚指,故汉语译成了远指"那",包括前一个小句也选择了"那",在某种程度上都是一种推测,主观性强,心理上也较为陌生。再比如:

Essentially, though, this is the life led by hunter-gatherers, and by our ancestors, since they were always reasonably sure that they would be able to find enough of the resources they needed to survive.

但那基本上就是狩猎采集族以及我们祖先所过的日子,因为他们总有把握能找到让他们存活下来的资源。

同样,上例中英语原文使用近指this,也是起到了语篇衔接作用,而从语义上来看则表示远指。因此,汉语译文中则使用了虚指"那"。此外,汉语远指"那"有时会意味着一种神秘或悬念,常常用来解惑释疑,比如以下几个例句,都体现了这种用法。

(1) Like the robin, another American bird seems to be on the verge of extinction. This is the national symbol, the eagle.

和知更鸟一样,另一种美国鸟也似乎濒临绝种的边缘。那就是美国的象征——鹰。

（2）In fact, if the circular dimension were to grow to a large enough size, this could be our three-dimensional universe.

实际上，如果这一维能长大，那就是我们的三维宇宙。

（3）In short. this would be unified-theory paradise.

一句话，那就是大统一理论的天堂。

（4）And since the graviton is supposed to transmit the gravitational force—a force that is intrinsically quite feeble—they found that this implies a colossal tension of a thousand billion billion billion billion (10^{39}) tons, the so-called Planck tension.

我们曾设想引力子传递的是引力——一种天生很微弱的力——于是他们发现，那意味着引力子的弦有巨大的张力，一千万亿亿亿亿（10^{39}）吨，这是所谓的普朗克张力。

一般说来，说话者对指称对象有积极情感，比如喜欢、高兴、满意、同情、关注、重视等，会通过选用近指词来拉近其与所指的心理距离；反之，若表达者对指称对象抱有消极情感，如失望、厌恶、悲伤、不满、轻视、漠然等，则会选用远指词，从而推远其与所指对象的心理距离。根据研究者的统计，英汉语相同点表现在：在表达积极情感时，英汉语都倾向于选择"this"和"这"，而表达消极情感时，会选择远指"that"和"那"；其差异则表现在汉语的"这"和"那"区分更为显著，尤其是在表达消极态度时，"那"的使用频率远远超过"这"，而"这"用于中性态度的频率则大大超过"那"，请看以下例句：

I ran into a Canadian test pilot who was there as part of a regular exchange program. This guy casually mentioned that his tour was going to end soon and he'd be heading back to Cold Lake, so he guessed someone would be sent to replace him but he wasn't sure who, yet.

我巧遇一位透过某固定交换计划被派到美国的加拿大试飞员。那家伙无意间提到他在美国的训练快结束了，即将回到冷湖市，所以他猜上面应该会派人来取代他，不过还不知道是谁。

这里，原文为"this guy"，用来和前面提到的名词短语"a Canadian test pilot"呼应，起到衔接的作用。而从情感上讲，作者对这位加拿大试飞员的命运感同身受，对他表示遗憾，带有一定的消极情感，故采用了"那家伙"。再比如：

（1）That would be so except for one thing: this was wartime.

然而，有种情况例外，那就是在战争期间。

（2）Naturally this was a most embarrassing confrontation!

那面面相对的场面自然令双方都感到极为困窘！

（3）It was soon after this trip that L yell decided to abandon a career in law and devote himself to geology full-time.

就是在那次苏格兰之行后，莱尔决定放弃律师职业，把全部时间投入了地质学。

（4）This was back in the day of the dot matrix printer, so we decided we should get it professionally printed on high quality paper.

那还是只有点阵打印机的时代，我们决定交给专业印刷厂处理，用高质量纸张输出。

（5）A staunch reductionist would claim that this is no limitation at all, and that in principle absolutely everything, from the big bang to daydreams, can be described in terms of underlying microscopic physical processes involving the fundamental constituents of matter.

固执的还原主义者却认为那不是什么极限，从原则上讲，从宇宙大爆炸到人类幻想的一切事物，都可以用关于物质基本结构的微观物理学过程来描述。

（6）This was not the dusky pallid blueness that one is accustomed to in a failing pneumonia, but rather a deep blueness.

那不是通常在轻度肺炎中所表现出来的微暗的蓝色，而是一种更深的蓝色。

（7）This was diketopiperazine, whose three-dimensional configuration had been carefully worked out in Pauling's lab several years before.

那就是二酮吡嗪，它的三维结构几年前就在鲍林的实验室里被研究出来了。

（8）This is the belief that Mitochondrial Eve is our most recent common ancestor.

那就是相信"线粒体夏娃"是我们最近的共同祖先。

2. 英语远指与汉语近指

英语中 that 的出现频率远远超过 this，而且其功能也超过 this。在很多情况下，that 可以替换 this 用来指称刚刚出现的事情，其虚化程度要超过 this。在英语语篇中，that起到的更多是语篇衔接作用，而意义倒是其次。在很多场合下，英语中用远指，在汉语中却要用近指，见以下各例所示。

（1）If those three characters are a word unto themselves, it puts that word into a word buffer.

如果这3个字本身就是1个词，它就将这个词存入字词缓冲存储器中。

（2）They have been trying to convince the world—with only modest success—that asteroids like this one represent a clear and present danger. To meet that threat they have proposed a network of computer-monitored telescopes.

这些天文学家一直在试图说服人们，像这样的小行星是一种明白无疑且迫在眉睫的祸害，但是他们的说服收效甚微。为了挑战这种威胁，科学家们建议设立一个由计算机进行监控的望远镜网络。

（3）Blasco breaks in: "Shipbuilding technology had outstripped metallurgy technology." He sounds as though he's had that thought before.

布拉斯科插嘴说："那时的造船技术已经领先于冶金技术。"听上去好像他早已有此见解。

（4）Weather radars work by bouncing microwave radiation off droplets of rain and other precipitation. Until recently, radars only measured the travel time and intensity of the reflected radiation. That allowed them to determine the amount of precipitation but did not reveal anything about the winds.

气象雷达是通过从雨及其他天降物的小水滴反射回来微波辐射进行工作的。直到不久以前，雷达装置只能测量反射回的辐射线的传播时间和强度。这使雷达装置能确定降雨量，但对于风的情况一点也不知道。

（5）If a pigeon can do that, just think of the possibilities for the rest of us.

如果一只鸽子能有此作为，那就需思考一下我们的情形了。

（6）That turns out to have been the right strategy.

这看来是一个正确的策略。

（7）Never thought of it that way.

我倒是从来没这样想过。

（8）That sounds alien to a lot of people.

这对于许多人来说还很陌生。

(9) That research was moving ahead Saturday.

这项研究得以在周六进行。

(10) That turns out to have been the right strategy.

这看来是一个正确的策略。

(11) And for you, that means a water meter spinning less, and more green staying in your pocket.

对你来说，这意味着水表转得少了，而钱包里的票子就多了。

(12) That did it.

这话可惹麻烦了。

(三) 指称替代

汉语作为一种意合语言，往往不需要刻意使用显性衔接手段，如指称代词。汉译时若总是重复指示代词，就会显得译文冗余，而若省略不译则会使语篇不连贯，所以常常采用一些替代的翻译手段，如重复名词短语等，请看以下各例：

(1) If this gene were indeed present in the normal human genome, then human tumors might carry src in a mutant, actively oncogenic form.

如果 src 基因的确出现在人类正常基因组中，那么在人类肿瘤中，src 很有可能是以一种突变的活性癌基因形式存在着。

(2) At the beginning of this century, the philosopher George Santayana delivered a famous series of lectures in the United States on the subjects of beauty and aesthetics.

20 世纪初，哲学家乔治·桑塔亚那在美国做了一系列有关美学及审美的著名讲座。

(3) By the middle of this century, they had combined their research into a collective understanding of evolution that became known as the "modern synthesis".

到了 20 世纪中叶，这批人结合各家对演化的了解，形成所谓"现代综合论"。

(4) He's trying to protect that sperm from competition from other males.

它在尽力保护自己的精子，以免受到其他雄蜂竞争的影响。

(5) The upshot of all this is that we are much closer cousins of one another than we normally realize.

综上所述，我们互相之间的亲属关系要比我们通常所意识到的近得多。

(四）指称省略

英语语篇中指示代词的数量远远超过汉语语篇的一个重要原因是：现代汉语中的指示代词有时是可有可无的，而英语中的指示代词一般情况下不能省略。这是形合和意合的差异造成的。英语重形合，讲究句子成分的完整，而汉语重意合，注重通过对内在逻辑关系的辨认和推理来弥补形式上的省略，从而实现其连贯性。this 和 that 在译文中的省略非常普遍。例如：

（1）At present, all we can say with confidence is this: much of our DNA is junk.

现在我们可以肯定的是：我们的 DNA 盘踞着大量"垃圾"。

（2）What was this nature that was not subject to man's dominion?

那不受人类主宰的自然是什么？

（3）This can dump your brain into that weekend twilight zone.

这就可能把脑子推向周末的混沌状态。

（4）Others working in obesity research shared that same sense of excitement.

其他从事肥胖研究工作的科学家也感到同样的兴奋。

（5）What if you were unable to wake from that dream, Neo?

尼奥，如果你不能从梦中醒来怎么办？

（6）That leaves the world's creative powerhouse vulnerable.

它让这个世界创新大国很容易衰落。

（7）That means oil companies need to keep drilling more and more wells to sustain output and no one knows how sustainable that strategy is.

也就是说，石油公司需要钻探越来越多的油井来保持产量——没有人知道这一战略的持续性如何。

参考文献

[1] 邵霞:《新编英汉互译教程》,浙江工商大学出版社 2020 年版。

[2] 郭鸿杰、宋丹:《基于语料库的英汉对比与翻译》,复旦大学出版社 2020 年版。

[3] 赵璐:《基于语言与文化对比的英汉翻译探究》,吉林大学出版社 2019 年版。

[4] 潘文国:《英汉语比较与翻译:11》,上海外语教育出版社 2016 年版。

[5] 柯平:《对比语言学导论:英文版》,北京大学出版社 2016 年版。

[6] 翁治清:《英汉对比翻译研究》,中国书籍出版社 2016 年版。

[7] 李建军、盛卓立:《英汉语言对比与翻译》,武汉大学出版社 2014 年版。

[8] 张青、张敏:《英汉文化与翻译探究》,中国水利水电出版社 2015 年版。

[9] 严尽忠:《英汉语言文化对比及翻译研究》,吉林大学出版社 2014 年版。

[10] 杨贤玉、乔传代、杨荣广:《旅游英汉比较与翻译》,武汉大学出版社 2014 年版。

[11] 张广奇、陈玲:《英汉对比与翻译探究》,中国书籍出版社 2014 年版。

[12] 刘学明、高大鹏、姜丽杰:《英汉语言文化对比与翻译研究》,中国商务出版社 2013 年版。

[13] 闫丽君:《英汉语言文化对比与翻译》,宁夏人民出版社 2013 年版。

[14] 蒋璐:《英汉翻译技巧与实践》,旅游教育出版社 2013 年版。

[15] 董晓波:《英汉比较与翻译》,对外经济贸易大学出版社 2013 年版。

[16] 肖忠华:《英汉翻译中的汉语译文语料库研究》,上海交通大学出版社 2012 年版。

[17] 耿伟、周凝绮、何恩:《语言文化比较与英汉翻译研究》,吉林大学出版社 2012 年版。

[18] 金萍:《英汉双语翻译教程:对比转换与实例评析》,中国人民大学出版社 2012 年版。

[19] 古国生、乔现荣、陈鹏:《现代英汉翻译理论与技巧》,吉林大学出版社 2012 年版。

[20] 孙致礼、周晔:《高级英汉翻译》,外语教学与研究出版社 2010 年版。

[21] 宋雷、张绍全:《英汉对比法律语言学:法律英语翻译进阶》,北京大学出版社 2010 年版。

[22] 朱山军:《英汉语言文化对比与广告翻译》,中国对外翻译出版公司 2007 年版。

[23] 许承军:《英汉翻译教程》,上海交通大学出版社 2007 年版。

[24] 耿洪敏、吴瑾瑾:《实用英汉翻译》,复旦大学出版社 2005 年版。

[25] 王武兴:《英汉互译指导与篇章翻译》,朝华出版社 2004 年版。

[26] 赵春贺:《英汉语言对比视角下建筑文本翻译的理论与实践》,《工业建筑》2022 年第 6 期。

[27] 孙妍:《基于英汉语言对比的建筑文本翻译技巧分析》,《工业建筑》2022 年第 5 期。

[28] 李奉栖:《人工智能时代人机英汉翻译质量对比研究》,《外语界》2022 年第 4 期。

[29] 张京生:《英汉翻译中的语言与文化》,《时代人物》2021 年第 27 期。

[30] 刘佳:《英汉语言与文化对比视角下的翻译技巧和难点探析——以柏敬泽译〈孤崖一枝花〉为例》,《科技风》2019 年第 10 期。

[31] 朱馨雅、申红:《英汉语言对比与研究——英汉电影名称翻译》,《教育教学论坛》2018 年第 43 期。

[32] 毛梅娜:《紧跟时代步伐开展翻译研究——评〈英汉语言对比与翻译〉》,《语文建设》2018 年第 15 期。

[33] 王蓉:《基于语料的英汉翻译语言风格对比研究——以〈苔丝〉三译本为例》,《外文研究》2018 年第 2 期。

[34] 项亚男:《英汉语言文化翻译对比研究》,《黑河学院学报》2017 年第 7 期。

[35] 程雪佳:《英汉语言对比与翻译的结合研究》,《中国民族博览》2017 年第 5 期。

[36] 苏婕:《英汉语言文化差异及其翻译——评〈文化话语视角下的英汉语言对比研究〉》,《中国教育学刊》2017 年第 2 期。

[37] 李丽艳:《英汉语言对比与翻译》,《考试周刊》2016 年第 102 期。

[38] 项亚男:《英汉语言文化对比分析及翻译理论建设》,《黑河学院学报》2016 年增刊第 2 期。

[39] 李海燕:《语篇衔接和结构视角下的英汉翻译对比》,《海外英语》2016 年第 2 期。

[40] 佘敏:《从英汉语言对比谈英汉翻译技巧》,《读与写:教育教学刊》2015 年第 8 期。

[41] 何洁:《浅谈英汉翻译、英汉语言特点对比》,《中国校外教育》2014 年第 18 期。

[42] 王民华:《英汉句子层面对比在英汉翻译教学中的应用》,《中国校外教育》2012 年第 27 期。

[43] 张荣:《英汉翻译中译者对比意识的培养》,《河北北方学院学报:社会科学版》2012 年第 6 期。

[44] 蔡力坚:《英汉翻译实践中的词义误区》,《中国翻译》2012 年第 1 期。

[45] 王海莉:《从英汉主语的差异看其英汉翻译》,《现代语文:语言研究版》2011 年第 8 期。

[46] 钱雯:《英汉翻译中的语法衔接手段对比》,《科教文汇》2010 年第 22 期。

[47] 徐慧:《论英汉语言中词汇的对比》,《大众文艺》2010 年第 21 期。

[48] 杜彩恒:《英汉翻译中语言结构差异初探》,《科教新报·教育科研》2010 年第 19 期。

[49] 王倓倓:《英汉翻译中形合、意合的对比研究》,《赤峰学院学报:汉文哲学社会科学版》2010 年第 7 期。

[50] 陆维卫:《论英汉语言的对比与翻译》,《考试周刊》2008 年第 39 期。

[51] 伍小君:《英汉句法对比与英汉翻译中的结构转换》,《湖南科技学院学报》2006 年第 8 期。

[52] 曲燕:《英汉翻译的语言文化对比维度》,《外语学刊》2006 年第 5 期。

[53] 葛向宇:《英汉语言结构的差异与翻译》,《哈尔滨学院学报》2006 年第 2 期。

[54] 林文艺:《英汉翻译中主动与被动的对比》,《福建商业高等专科学校学报》2005 年第 4 期。

[55] 袁颖:《英汉翻译中语言形式与习语误译的文化对比分析》,《理论界》2005 年第 5 期。

[56] 毛新耕:《论英汉翻译中的语序调整》,《广西社会科学》2004 年第 4 期。

[57] 廖晟、谭小平:《英汉翻译形式与内容的审美再现》,《湘潭大学学报:哲学社会科学版》2004 年第 2 期。

[58] 范振辉:《英汉两种语言的差异与翻译》,《广西教育学院学报》2003 年第 2 期。

[59] 冯雅松:《〈对比修辞——第二语言写作的跨文化层面〉(节选)英汉翻译实践报告》,河北大学 2021 年硕士学位论文。

[60] 范程:《英汉语言对比视角下散文〈孩子你慢慢来〉的翻译报告》,中南民族大学 2018 年硕士学位论文。

[61] 岳瑞莉:《抽象名词英汉对比及英译汉研究——以 Vanity Fair 汉译本为例》,华东理工大学 2016 年硕士学位论文。

[62] 刘明:《从英汉语言对比探讨小说 Saving the World 翻译策略》,华北理工大学 2015 年硕士学位论文。

[63] 王小玉:《英汉法律语言中人称指示语对比与翻译》,西南政法大学 2014 年硕士学位论文。

[64] 白恩民:《韩汉翻译作品中语言及文化对比研究——以〈再见,妈妈〉的汉译本为例》,华中科技大学 2014 年硕士学位论文。

[65] 熊子茜:《英汉翻译中的语言差异及其转换——以〈翻译史研究方法〉的中译为例》,江西师范大学 2014 年硕士学位论文。

[66] 张嘉誉:《从英汉语言结构对比探讨英语新闻翻译》,天津商业大学 2012 年硕士学位论文。

[67] 祁静:《英汉翻译译者识解差异性研究》,鲁东大学 2012 年硕士学位论文。

[68] 钟佳:《英汉语序对比研究与翻译》,中南大学 2011 年硕士学位论文。

[69] 张春梅:《从英汉语言结构对比探讨科技翻译》,成都理工大学 2008 年硕士学位论文。

[70] 刘晓东:《英汉语篇衔接手段对比研究与翻译》,山东农业大学 2008 年硕士学位论文。

[71] 张桂云:《英汉新闻语篇照应手段对比研究及翻译》,中国海洋大学 2008 年硕士学位论文。

[72] 袁智英:《对比分析法在高职英汉翻译教学中的应用研究》,华中师范大学 2007 年硕士学位论文。

[73] 叶蓓:《英汉幽默语言的对比与翻译》,广西大学 2006 年硕士学位论文。

[74] 晓恋婉紫:《英汉句法特征对比及翻译》,太原理工大学 2006 年硕士学位论文。

[75] 张鸣瑾:《英汉语篇对比与翻译》,黑龙江大学 2005 年硕士学位论文。

[76] 唐娜:《中英思维方式差异及英汉翻译技巧》,哈尔滨工业大学 2005 年硕士学位论文。

[77] 蒋莉:《中英思维方式差异及英汉翻译》,广西大学2003年硕士学位论文。

[78] 王永:《当代英汉立法语言句子结构对比与英汉翻译》,上海海运学院2002年硕士学位论文。

[79] Zhang X, "A study of cultural context in Chinese—English translation", *Region-Educational Research and Reviews*, Vol.3, 2021.

[80] Deng D, Xue N, "Translation divergences in chinese—english machine translation: An empirical investigation", *Computational Linguistics*, Vol.43, 2017.

[81] Liu D, "Translation and culture: Translating idioms between English and Chinese from a cultural perspective", *Theory and Practice in Language Studies*, Vol.2, 2012.

[82] Yang C, "Translation of English and Chinese Addressing Terms from the Cultural Aspect", *Journal of Language Teaching & Research*, Vol.1, 2010.

[83] 吴志平:《跨文化交际下英语翻译的技巧分析》,《宁夏日报》2023年12月6日第6版。

[84] 飞鸿踏雪泥:《英汉语言的十大差异》(https://zhuanlan.zhihu.com/p/417442751)。

[85] 李大卫:《英汉语言比较（一）》(https://zhuanlan.zhihu.com/p/91123038)。

[86] 袁昌明:《英汉语法比较与翻译》(https://www.doc88.com/p-7999539386996.html)。

[87] 刘震:《浅谈英汉语法结构差异及其翻译》(https://wenku.baidu.com/view/790e68e77275a417866fb84ae45c3b3566ecdd52.html?_wkts_=1710231382092)。